ボディビル世界チャンピオンが伝授する

筋トレは人生を変える哲学だ

山岸秀匡

KADOKAWA

WWW.GASP.NU

ボディビル世界チャンピオンが伝授する　筋トレは人生を変える哲学だ

【序章】

勇気を必要とするあなたへ

２０２０年12月「オリンピア２１２」出場を区切りとして、私はプロボディビルの第一線から退くことを決意しました。

高校時代に筋トレと出合い、20歳で競技を始め、32歳でアメリカに渡って16年間。ボディビルを生業《なりわい》とし、ボディビルを生きがいとし、人生のすべてをボディビルにかけてきました。退く道を選んだのは、最後のオリンピア出場以降、気持ちが戻ってこなかったから。ボディビルはライフスタイル。止《や》めるということはあり得ない、生涯現役だけれどもステージへの想いは区切りがつきました——。

いつかは終わりが来ることはわかっていたけれども、予想していた悲しみや悔しさは、ありません。あるのは、ただ「ああ、やり切ったのだな」というすっきりとした気持ちだけ。闘い続けた心と筋肉が出した答えに、私は従うのみなのです。

30年近い競技人生を改めて振り返ると、本当にたくさんのありがたいご縁と導かれるような運に恵まれてきたのだな、と実感しました。

ボディビルに才のある身体に生まれてきたこと、今につながる思考を養ってくれた両親の存在、要所要所で背中を後押ししてくださったさまざまな方の想い、ボディビルを始めたときから支えてくれた妻の智恵、コーチのミロシュ・シャシブとトレーニングビジネスパートナーのアイリス・カイル、愛犬のさくらたちとの出会い。どれ一つ欠けても、今の私は成り立たないでしょう。

もちろん、すべてが順風満帆だったわけではありません。トレーニングや減量といった、ボディビル上の失敗は数え切れないほどありますし、プロとしてなかなか結果が出せずに苦しんだこともありました。さらには私の傲《おご》りが原因で、70日間アメリカのジェイルハウスに収容されたこともあるのですから……。

私は基本的に、過ぎたことは忘れてしまう質《たち》です。でも、ここまでの道のりを思うと、忘れてはいけないなと思うことが山ほどありました。これまでもYouTubeチャンネルやオンラインサロン、ＳＮＳなどでトレーニングをはじめとした筋肉Ｔｉｐｓはシェアしてきましたが、その背景には「無限／No Limits」を信条として、アメリカを拠点に世界で闘った日本人プロボディビルダーという、（自分で言うのもなんですが）一つの時代にそう何人もいない稀《まれ》な存在だからこそできた経験、そこから得た学びがあるわけです。

ありがたいことに、私の発信をきっかけとして何らかの新しい挑戦をし始めたという声も届いています。

一線を退くと決めたこのタイミングで、今の私にできること、今の私がするべきことは何かと考えたとき、筋肉Ｔｉｐｓに偏らない経験談、夢をつかむための行動スタンス、移民の国アメリカで生きるために必要な強さの獲得過程、世界トップにチャレンジし続ける思考法を読み物にまとめ、勇気につながる後押しを必要としている人たちに届けることではないだろうか、と。そのような想いから、本書を執筆するに至りました。

私のことをこの本で初めて知ったという方はそういないかもしれませんが、トレーニング未経験者でボディビルとは無縁であっても、これから海外で勝負したい人、自分の想いを貫き通したい、壁を乗り越えたいと思っている人、周囲に笑われても挑戦を諦めたくない人たちに、伝えられる何かがあると思っています。

良いことも悪いことも嬉しかったことも反省していることも、ここにはすべてを正直に書いています。なかには、初めて明かすこともありますし、インターネット上に書かれていることとは異なる事実も出てきます。

もちろんトレーニングの経験者、プロを目指す若きボディビルダーたちには、私の経験がそのままこの後の人生の役に立つ……かもしれません。立ってくれたらいいなあ、とは思いますが、いずれにせよ、一人の男の覚悟の人生物語をとにかく楽しんで読んでいただければ、それ以上のことはありません。

自らの言葉で、半生を記すことができる素晴らしい機会に恵まれたことに心から感謝し、第2の人生の始まりに向けた第一歩として、ここに万感の思いを刻もうと思います。

山岸秀匡

目次

【第3章】

食事哲学

【第6章】成功哲学

装幀：森敬太（合同会社 飛ぶ教室）
写真：Ulrich Oehmen
書家：下田彩水
DTP：unionworks
校閲：麦秋アートセンター
制作協力：『月刊ボディビルディング』
編集協力：鈴木彩乃
編集：佐々木健太朗（KADOKAWA）

BODYBUILDING WORLD CHAMPION TEACHES
MUSCLE TRAINING IS A LIFE-CHANGING PHILOSOPHY

HIDETADA YAMAGISHI

【第1章】

メンタル哲学

Mental philosophy

母の言葉が「無限」の始まり

さあ、何から書いていこうか。悩みましたが、先に生い立ちに触れておいたほうが、山岸秀匡という人間に対する理解が進むかもしれません。なぜなら、生い立ちに触れるということは、すなわち私の人生の格言である「**無限／No Limits**」の考えに言及することとなるのだから——。

無限とは、限りのないことを表す言葉。人間は、すぐに限界を定めたがります。ちょっと大きな目標や夢を口にしようものなら、どこからともなく「いや、それは無理でしょう」と返ってくる。そう言うのは家族だったり、友人だったり、心のなかにいるもう一人の自分だったり。

ophy

甲子園優勝は無理だから、せめて出場を目指そう。世界で活躍するサッカー選手にはなれないから、普通に大学に進学しよう。プロのアーティストになりたいけれど、自分の実力では難しいから就職しよう。そのように夢を諦めてきた人は、少なくないと思います。

だけれども、あなたが憧れてきた人たちも、あなた自身もみんな「夢を抱く」というスタートラインは同じだったはず。道が分かれたのは、自分自身に限界を定めたか、定めなかったかの違いです。

私が考える「**限界を定めない**」とは、**闇雲《やみくも》に突き進むという意味ではありません。自分という人間が、必然的に夢に近づいていくように環境を整えていく、という意味**です。「いつかこうなりたい」ではなく「いつまでにこうなる」と自分自身と誓いを交わし、そうなるような選択と行動を、日々積み重ねていくこと。すると、道を進んだ先で高い壁が現れたとしても、これまでの確かな積み重ねがあるからこそ、必ず乗り越えられると強く信じ抜くことができます。

実際に夢に手が届くかどうかは、この「信じ抜く力」の強さにかかっていると思っています。そして、それはつまり一人の人間としての強さを表すのだろうと考えるようにもなりました。

なぜ、私がこのような考えをするようになったのか。原点は、母親にあります。母こそ「無限／No Limits」な思考の持ち主だったからです。

幼い頃から、そのような考えのもと育てられてきましたが、なかでも一番覚えているのは高校受験のエピソードです。私が「ここに行きたい」と母に志望校を話すと「ならば、**今すぐに高校の制服を購入してきなさい**」と言うのです。

さすがの私も、言われた瞬間は「え？」となりましたが、すぐに母の考えを理解しました。その高校に本当に通いたいのなら、合格することを前提に行動しなさいということでした。まあ、すぐに理解できたのは、母のもとで育つうちに私のなかにも母の無限思考が受け継がれていたからでしょう。

ただ、当時の私は中学生。親から言われたことには反射的に反発するお年頃ということで制服は買わなかったんだけれども、今になって思い出しても「すごくいいことを言うなあ」と思います。

ボディビルディングでプロ転向を考え始めたとき、アメリカ行きに何の抵抗もなかったのもまた母の影響です。決して日本が嫌だというわけではなく、**純粋に世界は広いのだからどんどん海を渡ったらいい、という考え**ももっている人でした。

なので、物心ついたときにはすでに「将来は海外にいる」というボンヤリとしたイメージをもっていましたし、ともに育った妹弟たちも全員、留学を経験しています。

母の話が続きましたが、父もなかなかの存在でした。

なんと言っても、特別なトレーニングをしているわけではないのに、**血管が浮き出るほどのマッチョマン**。身体つきは遺伝によるところが大きいと言われますが、私の身体はまさに父親ゆずりであると思っています。

スポーツにしても学業にしても、何をするにも決して反対せず、むしろ積極的に応援をしてくれた両親のおかげで、私の「無限／No Limits」思考は確立。常に、目標や夢を現実とするにはどうするのがいいかを考え、最善を尽くす習慣を手に入れることができました。

多くのボディビルダーが目指すも夢に終わる「ミスターオリンピア／Mr. Olympia」という世界最高峰の舞台に日本人で初めて立ち、そして幾度も闘い続けることができたのは、**根底に自分自身の無限の可能性があることを信じ抜くことができたからだ**とステージを降りた今、改めて実感しているのです。

「普通の人生を生きたくない」が原動力

何をもって「普通」とするかはわからない。そんなものは存在しないのかもしれないけれど、よく聞くような、よくありそうな人生を歩むのは違うな、と子どもの頃から漠《ばく》然《ぜん》と思っていました。と言いながら、まさかここまで類を見ない人生を歩むとは想像もしていませんでしたが（笑）。

良い子とか悪い子とか、そういう括《くく》りではなくて「**自分は自分のやり方で**」と常に考

ophy

えていたような気がします。気がします、と曖昧《あいまい》なのはとにかく過去のことをどんどん忘れてしまう質だから。

記憶を呼び起こすと……例えば、学生時代のテスト事情。普段の中間や期末試験の結果はひどいものでした。それもそのはず、授業はほとんど聞かずに寝てばかりいました。しかし、決して落第はしません。なぜならば、追試を受ければ100点をとるからです。褒められたことではないことくらい、わかります。でも、一般的な勉強のスタイルに魅力を感じなかったというか、効率が悪く思えてしまったというか。**短期間でガッと集中して取り組むほうが性に合っていた**のです。

自分がしていたのは、まさに「テストのための勉強」。だから「そんなんじゃ身につかないし、大学受験には通用しない」とも言われましたが、受験に向けては2～3週間をかけて全集中で教科書を丸暗記して挑み、早稲田大学合格を勝ち取りました。

私自身も大学に入るためだけの作業でしかないと思っていましたが、実際には、そんなことはありませんでした。**教科書は基礎の集合体**。それらをしっかり押さえた経験があったからこそ、のちにアメリカへ渡ったときの英語でのコミュニケーションにそれほど困らなかったのです。

また、教科書を暗記するために、何十回、何百回とノートにセンテンスを書き出していました。そうして自分なりのやり方で繰り返してきたことが揺るぎない自信となって、本番への不安や恐怖がどんどん薄まっていきました。

自分が納得するやり方で繰り返し練習することが自信を生むことを、ここから学んでいたからこそ、のちに世界が注目する晴れやかなステージに立っても、常に平常心でいることができたのだと思います。

そのような私の在り方が、まわりには強さとして認識されたのか、中学時代は柔道部、高校時代はラグビー部、大学時代はバーベルクラブでそれぞれキャプテンを任されることになりました。しかし実際は「**自分は自分のやり方で**」タイプの人間ですし、経験も少ない10代ですから、リーダーシップを発揮してチームを牽引《けんいん》……とはいかず。高校時代はいわゆる独裁政治を行って反感を買ってしまうようなキャプテンでした。

反省する点も多々ありますが、独裁政治だったからこそ効果的な練習内容を決めることができたし、ウエイトトレーニングと出合い、しっかり鍛える環境を整えることができたので、それもまた今につながる道のりだったのだなあ、と思わずにいられません。

ちなみに身体を鍛えること自体に興味をもったのは、もっと小さな頃。**ジャッキー・チェンやブルース・リーのカンフー映画にハマった**のをきっかけに、見様見真似《みようみまね》で腕立て伏せや腹筋をしていました。小学生になってプロレスが好きになり、専門誌の裏表紙でトレーニングマシンの広告を見てからはバーベルに憧れ続けて、高校でラグビー部に入部し、ついにバーベルとの対面を果たしました。人知れず、**念願のウエイトトレーニング**に心躍らせていたのです。

高校時代の山岸氏。

「デカさ」への憧れと、強さへの渇望

プロアマを問わず、**ボディビル競技の世界で活躍をするためには、身体の素質がとても重要**になってきます。なぜなら骨格バランスや筋肉のつき方などによって、同じトレーニングをしていても仕上がり方、見え方が大きく変わってくるからです。

その点、私はボディビルに向いた素質をもって生まれてきたように思います。でも、

ophy

素質をもって生まれてきたというだけでトップに立てるほど、世の中は甘くありません。**素質を生かすための努力をし続けた者だけに、花は咲くものです。**

こんなことを記録に残すのは申し訳ないような気もしますが、母は昔かなりの料理オンチでした。詳細は伏せますが「幼心に刻まれ長らく残るほど」のもの……。それが理由で食べるという行為そのものが嫌で仕方なく、**幼少期の私はかなりガリガリ**でした。

ところが、ある日を境に料理が素晴らしく美味しくなりました。聞けば教室に通い始めたとのことで、私は大喜びでごはんを一気に平らげました。それから食欲が爆発。よく食べるようにはなったものの、柔道部での活動量が多かったからか、体重でいうと60kgほどしかありませんでした。

そのため高校に入ってラグビーを始めると、60kgでは軽すぎてはじき飛ばされてしまいました。純粋に当たり負けして身体が痛かったし、それ以上に負けて悔しかったので「**デカくなりたい**」「**強くなりたい**」との想いから、初めて身体を鍛えることと食べることについてきちんと向き合うようになったのです。

とはいえ、今のような情報ツールがあるわけではありません。タンパク質がどうとか、栄養学のことなどわかりません。とにかく「食べる」ことだけを掲げて、とんかつ1切れでごはん1膳を平らげる勢いで、**一日8合の米**を食べていました。

併せて、ウエイトトレーニングを練習に導入。その甲斐あって、卒業時には90kg近くまで増えていました。

当時の目的は、あくまでラグビーで強くなることであり、身体を仕上げることではありません。それでも、実際にデカさと強さを手に入れると、なんともうれしい気持ちになったのを覚えています。

考えてみれば、ラグビーにおいてもテクニックで勝つよりパワーで勝ちたいと思っていました。さらに思い返してみれば、プロレスを見ていてもボディビルダーのようなデカい身体のレスラーにばかり惹かれていました。

一時はボクサーを目指すほどボクシングも大好きでしたが、日本人が多く出場するライト級やフェザー級の試合より、山のような外国人選手が重たいパンチを繰り広げるヘビー級の試合に夢中になっていた記憶もあります。

どうやら私は無意識のうちに、幼い頃から一貫して**デカさに憧れ、強さを渇望してい**

たようです。そうして筋肉質の身体に、食事とトレーニングという努力が掛け合わされ、これまた無意識のうちにボディビルダーのような肉体を手に入れていたのです。

無意識だったからこそ、自分で「ビルダーのような身体」と思ったことはありません。だけれども、大学入学後の1年間、トレーニングへの情熱が少し落ち着いた頃。せっかくならば学生らしいことをしよう、とアウトドアに興じキャンプをしに行ったり、自転車で日本中を旅して回って過ごすことに。その旅の最終の地として訪れた沖縄の公園で身体を焼いていたら、通りがかりの人に「**ボディビルやってるの?**」と声をかけられました。ああ、今の自分の身体はそのように見えるものなのか、と初めて客観的な視点に触れたのです。

2000年、世界選手権6位入賞。

人生最大のターニングポイントは、ボディビルとの出合い

ラグビーの補強としてウエイトトレーニングを始めたのが、高校生のとき。ボディビルディングと出合ったのも、ちょうどその頃です。

学生の頃は、暇を持て余すと本屋に立ち寄る習慣があり、そこでボディビル雑誌を目にしたのがきっかけでした。のちに大変お世話になる『月刊ボディビルディング』など日本の雑誌に並んでおかれていた海外の専門誌『マッスル・アンド・フィットネス／

ophy

MUSCLE & FITNESS』の表紙を飾っていた**アメリカのトップビルダー〝ブロンド・ミス／Blond Myth〟**ことヴィンス・カマフォードの桁外《けたはず》れとも言える肉体に釘づけになったことを覚えています。

実際に、自身がボディビル競技に出場するようになるのはもう少しあとのことですが、このときすでに日本のアマチュアボディビルディングではなく、アメリカを中心としたプロの世界に私は心惹かれていたということでしょう。進む道は、もう決まっていたのかもしれません。

大学入学後、1年間は自由気ままに「学生らしいこと」を続けていましたが、やはり普通のことをしていてもあまりおもしろくないな、とバーベルクラブに入部。本格的に身体づくりに励むことにしました。

早稲田大学のバーベルクラブの部室は、学生会館の薄暗い地下にありました。学生であれば誰でも使えるトレーニング場のはずが、部員以外が立ち入るところを見たことはありません。一般の学生は足を踏み入れるのをためらってしまいそうな場所だったからこそ、その見えないハードルを乗り越えて入ってきた部員たちは、**みんなボディビルへの愛がとても深い**のです。競技に対するのめり込み具合も凄まじく、ある種の感動を覚えたのと同時に「よし、自分もここでやっていこう」という気持ちに切り替わりました。

春はパワーリフティング、夏は減量、秋はボディビルディング、冬は増量。

トレーニングは個人ですることなのだけれども、この一年間のサイクルを同じ想いをもった仲間たちとともに知識を共有し、知恵を出し合いながら進めていく過程には、それまでの部活経験とはまた違ったおもしろさがありました。学生連盟大会に出場すれば自分たちが学校を代表しているという実感も得られたし、かつて独裁政治を展開し仲間であるはずのチームメイトたちから反感を買ってしまっていた私が、チームというものがこんなにも自分の支えになるのかという大事な気づきを得ることができた時間でもあります。

それからもう一つの大事な気づきが、自分に対する認識の甘さ。ラグビー経験からある程度、身体が出来上がっていたので、学生連盟の大会くらい余裕で勝てるものだと思い込んでいました。今にして思えば、大変に失礼なことなのですが……。

結果は関東大会3位、なんとか出場を決めたその後の全国大会は4位。決して悪い成績ではないけれども、**上には上がいる現実に直面した**というか、自分はまだまだ足りないことだらけで、**思い描いた未来を手に入れるためにやるべきことは山ほどあるんだな**と、知ることができたわけです。

しかし苦い思い出ばかりではありません。高校生のときに本屋で眺めていた『月刊ボディビルディング』に、全国4位として小さく掲載されていたのです。その喜びを胸に、トレーニング、増量、減量の方法を見直し、翌年から2年連続で関東、全国ともに優勝。晴れて『月ボ』にも注目選手として大きく掲載していただきました。

『月刊ボディビルディング』で注目され始めたとき。

王者の経験談より、自分の感覚

ボディビルディングとは、**筋肉を大きくして体脂肪を極限まで削ぎ落とすこと**を指します。目指すところは同じでも、目標にたどり着くまでの道のりは十人十色。トレーニングにしろダイエットにしろ、原理原則はあるんだけれども方法論を探し始めたらいくらでも出てくるからキリがありません。

人間の身体は、標本のイメージからみんな同じと思われがちですが、人それぞれ全く違うものと考えるべきです。アウトラインに限った話ではなくて、何が合うのか、どのような反応がどれくらいの速度で起こるのか、といった体質も本当に人それぞれ。

だから、まずは自分でやってみないと何も始まらないというか、知識や情報を集めることは大切なんだけれども、すべては実践ありきだということです。

ophy

どの世界も同じかもしれませんが、ボディビルも「憧れ」が動機づけになることが多いです。「あのトップビルダーがこれをやっているから」「ものすごい身体の持ち主がこう言っているから」と、憧れの存在と同じことをすれば自分もそうなれると、まるでそれが夢への近道であるかのように感じてしまうのだけれど、**その人の身体と自分の身体は別のものであるということを忘れてはいけません。**

考え方や心のもちようは真似できるけれど、**骨格や体質が違う人と同じ仕上がりになることは不可能**だからです。

だからロールモデルは、あくまでお手本にすぎないという意識をもつこと。その意識を欠いてしまうと、せっかく時間と労力をかけて努力を積み上げても、そぐわない結果しか手に入れることができない場合がほとんどです（ごく稀に、憧れの存在のやり方と一致する場合も）。

同じことが言えるのが、周囲からのアドバイスへの対応。自分から求めた場合も、そうでない場合にも、言われた通りにやることがすべてではありません。**アドバイスを基に、自分はどうしていくかを考えること。**これが大事なのです。

インターネットが普及する前だった平成初期のボディビル界隈は、今にして思うと、いやその当時であっても驚くようなオリジナリティあふれるバルクアップの方法がたくさん出回っていました。増量期には**バターを丸ごと1つ食べる**とか、タンパク質の補給に**冷凍した鶏ささみ肉と生卵をミキサーにかけて飲む**とか……。

残念ながら私自身には、このような武勇伝《ぶゆうでん》はありません。あればこの本をもっとおもしろく盛り上げることができたのかもしれませんが、やはり「**自分は自分のやり方で**」進めたかったので、誰が何をしていたとしても、自分の胃腸が拒否反応を起こしそうな極端な方法には手を出さなかったのです。

もちろん、そういった極端な方法にも効果はあるのだと思いますが、私はとにかくいっぱい食べて太るというシンプルな方法に終始していました。

腕をデカくしたいならバーベルカールを１００kgでやれ、と言う人もいました。通常、カールで扱う重量は重くても30kgくらいかと思います。でも、その人は反動をつけてぶん回すようにして１００kgで、と言うのです。

そうアドバイスするということは、やはりこれも実際に効果があったのでしょう。しかし反動をつけて動作すると、本来カールで効かせたい上腕二頭筋がほぼ使われない印象が強かったのです。筋肥大を起こすには、狙った筋肉に重量を乗せる、効かせる、痛い感覚を引き起こす必要があると考えているのですが、当時の私も**「やはり、自分は30kgでストリクトに」**という結論を下《くだ》しました。自分にそぐわない手法は、躊躇《ちゅうちょ》なく切り捨てていいのです。

ところで、狙った筋肉に効かせる、という感覚ははじめから身につけている人もいれば、続けるうちに次第に理解していく人もいます。アメリカに渡る前からトレーナーとして、さまざまな方のトレーニングを見てきましたが、この感覚をキャッチできるか否かで、仕上がりがかなり変わってくることがよくわかりました。

なぜ仕上がりを左右するのかというと、自分自身の身体と対話が成り立つようになるからです。そうなってくると、トレーニングはどんどん楽しくなっていきます。楽しくなると、どこまでも続けられるようになります。

そもそも、身体は続けて刺激を入れていかなければかたちが変わっていきません。右記のような感覚を持ち合わせていない人は、どうしても重量という「数字」にとらわれてしまいがち。執着が発生すると楽しいものも楽しめなくなります。

そういった意味でも、ボディビルディングで成功を収めるのに、どれほど**感覚の鋭さ＝素質が重要性を占めている**のかが見えてくると思います。

アメリカンドリームをつかむマインドセット

大学2年のとき、アルバイトをしていたジムで「一度、**アメリカに行ってみたら?**」と誘いを受けました。当時、トレーニング雑誌の『**アイアンマン／IRONMAN**』**が**「**アイアンマンプロ**」の観戦ツアーを企画していたのです。素直に行ってみたいと思って実際に参加したことが、実はすべての始まりだったのです。

ツアーの一環で**筋肉の聖地・ゴールドジムのベニスビーチ店**を訪れた時点で、まず大きなカルチャーショックを受けました。その気持ちをなんと表したらいいのだろうか。とにかく、**アメリカはフィットネス大国**であるということ。トレーニングがごく限られた人たちの特別なものではなく、みんなの日常であること。ボディビルが身近なスポ

ophy

ーツとして、認知されていること。そしてトレーニングしている人たちの身体が、誰がボディビルダーで誰が一般トレーニーなのかがひと目ではわからないほどデカいうえに、そのなかにたくさんの有名ビルダーが入り交じってトレーニングをしているということ。たくさんのことに感銘を受けました。

そして、初めてのプロコンテスト観戦。これまで雑誌の記事でしか見たことがなかったスーパースターたちが並び立っていることに、これまでにない高揚感を味わいました。高校生のとき、部活の帰りに立ち寄った本屋で眺めていた『**マッスル・アンド・フィットネス**』の表紙に登場している人たちが、目の前にいるわけですから。それはまるで、**おとぎ話の登場人物が実在していたのを目撃したかのような衝撃**です。

だけれども、実際に存在するということは、彼らの身体は現実に鍛え上げられたものであり、決して夢物語ではないということにも気がついたのです。

ベニスビーチでトレーニングがしたい。そして、このステージに立って闘いたい。プロのボディビルダーになりたい。自分が本当にやりたいことはこれしかない。

そう決めた瞬間から、夢を現実とするためにやらなければいけないことはすべてやっていこうと誓いを立て、すぐに計画を立て始めました。

夢への第一歩は、公言。雑誌のアンケートなど、あらゆる場面で自分は近い将来プロとして活躍する、と口にしていきました。それが私のマインドセットであるからです。

渡米前の山岸氏。

狙いを定めたら道は己で作り出す

プロになるとは、アメリカで活躍するということです。どうやっても資金が必要になると考え、まずは3年間しっかり働いてお金を貯めることに。

2年連続で学生チャンピオンになっていたことから、卒業後は**サプリメントブランド『ケンタイ／Kentai』（株）健康体力研究所にご縁をいただき、営業に配属**。とはいえ、学生時代をボディビルに費やし、アルバイトもジムでトレーニングを指導していただけ。会社に勤めるとは一体何をすることなのか、何もわかっていない状態です。

入社を決めた理由も、**プロテインを好きな時間に好きなだけ飲むことができるし、気兼ねなく大会にも出場できる**から。今、経営者となって振り返ると本当にとんでもない新入社員だったわけです。そのうえ、入社後3年のこれからという時期に計画通り退職。

社長には当然叱られましたが、のちに私の想いを深く理解してくださり、後押ししてくださることに。ケンタイの皆さまの優しさと懐《ふところ》の深さに、大変救われた3年間でした。

どうしたらプロになれるのか。国際ボディビル・フィットネス連盟（以下、IFBB）の傘下である日本ボディビル・フィットネス連盟（以下、JBBF）によると、日本ボディビル選手権大会に優勝するか、アジア選手権大会で優勝するか、世界選手権大会で決勝に進出するか、このなかの2つを達成することによりJBBF会長の推薦が得られる、とのこと。

アジアや世界の大会に出場するにはJBBFの推薦が必要で、推薦を得るには日本選手権で活躍しなければならない。いずれにせよ日本選手権出場がスタートと考え、狙いを定めました。

2000年2月、学生ビザでアメリカに留学。再び「アイアンマンプロ」を観戦してから、サンタモニカの海の目の前かつ、ゴールドジムのベニスビーチ店まで自転車で15分という好立地のお宅にホームステイしました。語学の勉強とトレーニングに明け暮れる毎日でした。

ホストファミリーのマザーがボディビルに理解を示してくださり、掃除も洗濯も3食の食事も完璧にサポートしてくれたこともあって、滞在7ヶ月間で身体はみるみる大きくなっていきました。

学生時代、ほぼ勉強をしてこなかった私ですが、**テスト前の猛烈な教科書丸暗記がここにきて役に立った**のには驚きました。話すのは難しくても、相手が何を言おうとしているかは、比較的すぐに理解ができるようになっていたからです。

毎日、ホストファミリーの家と学校とジムの往復ですから、繰り広げられる日常会話といえばトレーニングと栄養の話ばかり。政治やビジネスなどの込み入った話をするわけではありません。限られたワードのなかで、あとはそれをどのように伝えるかを工夫していくだけだったのでコミュニケーションにほとほと困る、という経験はほとんどありませんでした。

今でもよく「英語でつまずくことはなかったですか」と聞かれます。拠点を移して16年が経つので、だいぶ話せるようにはなりましたが、それでも**ネイティブのようにはいきません**。特に、電話でのやり取りは難しいなと感じるときがまだあります。

ただ、私の経験からお伝えできるのは、漠然と「英語を喋れるようになりたい」と考えるよりも「この気持ちを伝えるためには何と言えばいいのだろうか」と目的が明確なほうがスムーズにいく、ということ。

トレーニングと同じですよね。ざっくり「デカくなりたい」と、なんとなく数字が大きいものを持ち上げるより「どこの部位を」「どのように発達させたいか」を考えて、狙いに見合った方法を探して実践に移していくほうが、はるかに効率がいいです。

効率といえば、日本選手権でいかに優勝に近づくかについても、同時に考えていきました。ボディビル競技における**審査は「人の目」**によって行われます。審査員たちは全員、鍛え抜かれた審美眼の持ち主であり、贔屓目《ひいきめ》なしに公正なジャッジメントを下します。しかし、甲乙つけがたい2人が競い合うような場合には、最後は心が動くほうを選ぶと思うのです。

例えば、前年度優勝者と1〜2年目の新人が並び立ったら、やはりチャンピオンという前提は有利に働くのではないでしょうか。そもそも、その選手は強豪を制して優勝するほど素晴らしい身体の持ち主なわけですから、リスペクトが生まれるのも当然です。

それに実際にサイズや絞り、ステージングに余程の差がない限り、質感などの細かな部分での比較となっていきます。そうなると、かけてきた年月が上回ってくることがほとんどですし、各人《かくじん》の好みという心理によるところが大きくなっていくわけです。

身体だけでは上にいけないのか、と人によっては思うかもしれません。でも、私はそれをボディビルの競技特性と理解したうえで、**勝つために大切なのは「山岸秀匡」にいかに注目を集めさせるか**だ、と考えました。選手としての付加価値をつけ、少しでも観る者の心を向けるために、帰国前にアメリカ留学の様子を専門誌に連載寄稿させていただいたのです。

期待値を高めたぶんだけ、予想を上回る身体を作り上げなければ意味がありません。自分自身を鼓舞することにもつながり、結果的に日本選手権優勝はなりませんでしたが、3位に食い込み、世界選手権の代表に選出されました。ネクストチャンスにつなげたのです。

ケンタイ社員としてサプリメントの広告に出演していた。

挑戦は、揺るぎなき覚悟の先に

アメリカ留学から帰国後、ジャパンオープン2位を経て出場した日本選手権で3位をおさめ、世界選手権の派遣選手に選ばれました。なんと、同じ階級にその年の「ミスター日本」谷野義弘さんの名前が。谷野さんは、当時同じジム「**中野ヘルスクラブ**」に所属しており、ボディビルダーとしても尊敬している素晴らしい選手です。しかし、大会においては先輩後輩は一切関係なく、一人のライバルとなります。

当初、**世界選手権の目標は決勝に残ってプロ転向のクオリファイを手に入れること**でしたが、若かったからか「**上を獲《と》りたい**」という想いが強く出てきて、生意気にも谷野さんに勝ったうえで決勝に残りたい、という目標に変わっていったのです。

そう思うのは、自分のなかですでにそのような景色が見えていたから、かもしれませ

ophy

ん。世界選手権、決勝に残るトップ6には日本人として唯一、私の名前が記されていました。2つの望みが同時に叶った瞬間です。

ボディビル競技は、バルク、絞り、バランスを出場選手内で比較して順位をつけていきます。選手のラインナップ次第で順位もかなり変わっていきます。だから、運によるところも非常に大きいと思うのだけれども、それにプラスして**7ヶ月間のトレーニング漬け**の成果がこうしてかたちになったことが、とてもうれしかったと記憶しています。

そして翌年、韓国で開催された**アジア選手権80kg級で優勝**をおさめ、ついにプロ転向のクオリファイを揃えることができました。振り返ると、この**2000年から2001年にかけての身体がアマチュア時代では最もいい仕上がり**でした。

狙いを定め、誓いを立てた道筋通りに歩みを進め、チャンスを確実につかみ取る。すべてがプロ転向に向けて拍車がかかっており、夢に近づいている実感もありました。

世界選手権決勝進出。アジア選手権優勝。クオリファイを手に、**JBBFの玉《たま》利《り》齊《ひとし》会長（当時。17年逝去）のもとを訪れプロ転向を志願**しました。会長は私をじっと見つめ返して、こう言いました。

「**プロの世界は、日本のアマチュアとは違う。何が違うかって、本音と建前がある世界だ。山岸、お前はその覚悟はあるのか？**」と。

プロボディビルディングの世界には「**暗黙の了解**」**が存在**します。何のことかといえば、**筋肉増強作用のあるアナボリックステロイドの使用**についてです。ボディビルのアマとプロの違いとして言われることもありますが、プロの世界ではアナボリックステロイド使用者が多く活躍している現状があるのです。

スポーツ界でもドーピング物質として扱われているように、アナボリックステロイドは長期使用による副作用がさまざま報告されている薬物です。それゆえ日本に限らずアメリカでも団体として、使用を許可しているわけではありません。しかしながら、有名トッププロのドキュメンタリーなどを観ると、使用を告白するシーンは少なくない——。

プロカードを取得しても、使用しない人はたくさんいます。でもスポンサーをつけて世界を駆け回り、ボディビルで生きていく「トッププロ」に挑戦する以上、身体と心を蝕《むしば》む危険性のある選択をしなければならない時が来るかもしれない。会長の言う「覚悟」とは「**命をかける覚悟**」なのです。

悩みました。でも、何度悩んでも、高校生のときに憧れたプロボディビルダーの身体になりたいとの想いは揺るぎませんでした。夢に近づくにつれ、なるなら絶対にトッププロを目指したいと思うようにもなっていたし、いつか必ず**世界最高峰であるミスターオリンピア**のステージで活躍する未来を思い描くようになっていました。

「**覚悟はあります**」と答えると、会長は「**やってこい！**」と、快く推薦してくださいました。とはいえ会長にもいろいろな葛藤があったことと思います。ＪＢＢＦでは、決して許されないこと。しかし、新たに異なるステージへ羽ばたかんとする若者の夢を潰すようなことはできない……と悩まれたはず。だからこそ、結果的に後押ししてくださったことには、本当に感謝してもし切れません。

プロ転向の話が広まり、専門誌のインタビューを受けているなかで、不思議なことに自分がプロになって活躍する鮮明な未来像があることに気がつきました。

アメリカに渡る前は、雑誌で見るプロたちをまるで遠い国のおとぎ話の住人のように感じていたのですが、留学してベニスビーチで実際にプロたちと同じ環境でトレーニングをすることで、意識が変わったのです。

彼らも同じ人間であること、決して手が届かない存在ではないと思えるようになっていました。だからこそ、挑戦が無謀だとも思わなかったし、変な恐怖心も芽生えなかったのでしょう。

高校受験の際「**まずは制服を買え**」**と言った母ゆずりの無限思考**が、私をここまで引っ張ってきてくれたのだな、と改めて思います。

人生設計とは言い難《がた》い
「ひらめき」に導かれて、進んできた。
世の成功者たちが語るような
メソッドは私にはない。
なぜって、人生の終わりに

EORY

後悔したくなかったから。
選手として日本にいたほうが
経済的にはラクだったかもしれない。
だけれども、皆が求める安泰《あんたい》が私の
心を満たすとは、限らないだろう。

【第2章】トレーニング哲学

Training philosophy

才能は、3つ揃って初めて開花する

ボディビルディングとは、**筋肉を大きく育てて脂肪を極限まで落とす行為**です。「**筋肉を育てる**」とは、食事を通じて筋肉の材料を取り入れつつ、トレーニングを通じて筋肉を刺激し、**サイズアップを図る**こと。「**脂肪を落とす**」とは、食事から摂取する脂質を必要最低限の量と質に抑えながら**カロリーコントロールをしつつ、トレーニングを継続的に行う**こと。

このように書き出すとさして難しいことではないように思うかもしれませんが、24時間365日、いついかなるときであってもコンディションのことを考え続ける必要があります。だから、風呂や歯磨きのように生きるうえで当たり前のこととして身につくまでは、なかなか**しんどいところがある**ものです。

osophy

ボディビルダーとして成功するには生まれもった素質が重要だとよく言われていますし、私自身もそのように思います。身体つきももちろんありますが、実はそれよりも大事なのは**食事やトレーニングを半永久的に考えて取り組み続けることができる才能、ボディビルにとことんハマる性分**《しょうぶん》であるかなのです。

継続は力なり、ということわざがあります。ボディビル競技は、まさにその通りです。大学時代に競技を始めて30年近く続けてきましたが、その過程では何人もの逸材がたった一度きりでステージを降りていくのを見てきました。

当然、コンテスト出場者の全員がプロを目指しているわけではないですし、ましてやトッププロを夢見ているわけではありません。興味本位で取り組む人も多いですし、それが悪いことだとも思いません。ただ、数年に一度「ああ、この人の身体はすごい」と思わされる選手が現れたとしても、**何年後かには姿を消してしまう**のです。

私には、父親ゆずりの筋肉質という素質があったと思います。でも、それだけでプロにたどり着いたわけではありません。**ボディビルディングにハマる性分**もあったのです。

小さい頃から、何も長続きしないタイプでした。夏休みの絵日記は、初日に書いたら次は最終日。お年玉も貯金できずにすぐ使ってしまうし、部活動のラグビーも3年の期間満了で燃え尽きました。唯一、続けられたのがボディビルディングなのです。

トレーニングも減量も、うまくいくことばかりではありません。小さな失敗も大きな失敗も、いちいち思い出せないほどたくさん経験してきました。コンテスト前に行う全身のカラーリングも、決して快適ではありません。何度やっても「なぜ、自分はこんなことをしているのかな……」と、思うほど。

プロになってからはスポンサーの存在を考えなければならないし、緊張だってある。なのに、どうして長年続けることができたのかというと、一番は、**勝利した瞬間の鳥肌が立つような快感が忘れられない**から。もう一度、あの感覚を味わいたいとの想いが、私を押し進めてくれるのです。

もう一つ忘れてはならないのが、**リレーションシップ**。家族やジムやトレーナー、トレーニングパートナーやビジネスパートナーとの関係性がうまく回ってこそ、自分に集中できるというもの。

どの瞬間も、コンテストで勝つ身体に仕上げるための選択をしていくわけだから、それに対する周囲の理解と協力は、なくてはなりません。**私は体格、性分、そしてリレーションシップという3つの面で非常に恵まれていた**から、ここまで続けることができたのだと感じています。

〈ボディビルダーに必要な三原則〉

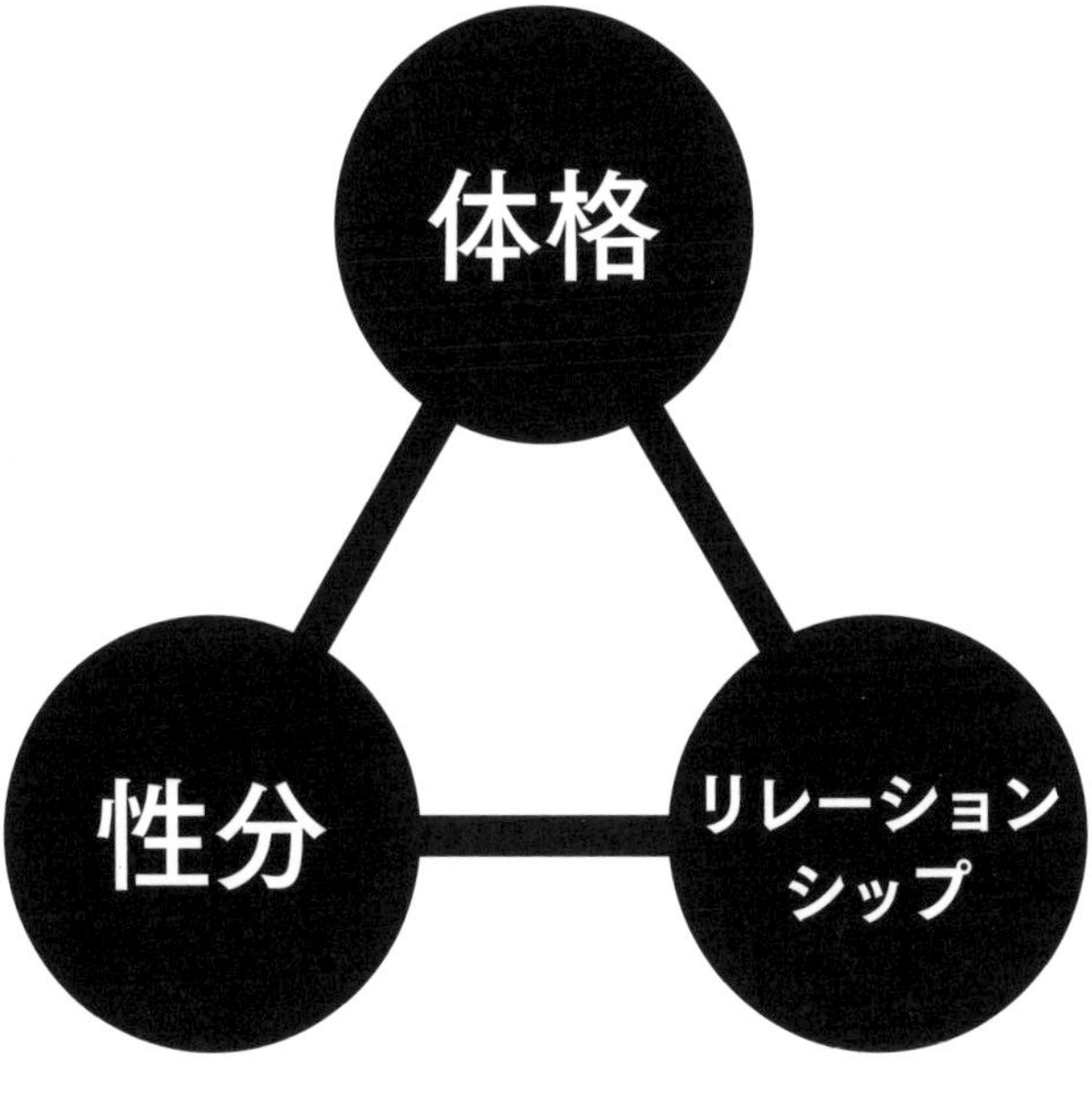

他者評価と自己満足の間で

ボディビルディングのテーマは、自己満足です。

ジムで鏡に身体を映して状態をチェックする姿を「ナルシシスト」と揶揄《やゆ》する声が気になる、というトレーニーは多いです。気持ちはわかりますが、ボディビルダーとしてやっていく以上、私はやはり一般より**ナルシシスティックな面が強くあって然《しか》るべき**と考えます。

ポージングをとり、肉体の美しさを見せつけるわけですから、並び立つ者のなかで自分こそがナンバーワンとの意識で臨《いど》まずしてどうするのでしょうか。

そこはもう**ナルシシスト万歳**、と開き直っていいと思うのです。

osophy

ただし、私が取り組んできたボディビル競技となるとまた話は別。自分が満足いく身体に仕上げても、審査員の目にどう映るか次第で順位が決まるからです。

どのような身体が評価されるのか。時代に応じたムーブメントも存在するため、トップを狙うためには筋肉を育て上げる過程に他者の視点を入れていく必要があります。

つまり、他者評価をうまく勝ち取ることに自己満足を当てはめていければ、競技としてはやりやすいと言えるでしょう。しかし、それは夢の源であるはずの自分の美意識を曲げることにもなりかねませんし、そもそも**審査員は機械ではなく人間**ですから、競り合っている場合の判断が感情に左右されることもゼロではないはず。

そう考えていくと、勝ち負けだけにとらわれてしまうのは、ボディビルダーとしての幸せをつかみ損ねているように思えてきます。

さて、自分はどうだったのかと言うと……満足したら終わり、という一種の強迫観念にとらわれていた時間が長かったように思います。優勝した瞬間は、喜びと安堵《あんど》に満たされるのだけれども、余韻を楽しむことはなく、すぐに次のコンテストのほうを向いていました。

当時は、そうあることが自分の**ハングリーさのあらわれ**であり、**トッププロである所以**《ゆえん》であり、**現役であり続ける秘訣**だとも考えていました。だから、それはそれとして満足していると思っていたし、実際に楽しみながら10年間、過ごしてきたわけです。が、一線を退く決意をした今、もっと楽しく過ごせたはずと思います。

目標を高く設定することは、自分の可能性を無限に広げるうえでとても大切なこと。

ボディビルで言えば、世界の頂点である「ミスターオリンピア」の称号を得ることを夢に掲げることで、毎日の努力を積み重ねることができます。でも、その先で実際にミスターオリンピアになれなかったとしたら、すべては水の泡なのでしょうか？

かく言う私もオリンピア優勝を夢見てきましたが、叶えることはできませんでした。けれども、日本人として初めてオリンピア出場にたどり着きましたし、トップ10入りも果たしました。同等に素晴らしい大会である「**アーノルドクラシック212／ARNOLD CLASSIC 212**」をはじめ、いくつかの大会でトップに立つ経験もしました。

そのような活躍を見て、熱心に応援してくださるボディビルファンも多く、数多くの企業とモデル・スポンサー契約を結んできました。

目標に対して強い想いがあると視野が狭くなりがちですが、実際の世界は広いのです。そう考えると積み重ねに無駄なことは一つもないし、方向性を間違わなければ努力は必ずどこかで実を結ぶということ。だから、夢に向かってひた走るその道のりに目を向け

osophy

ると、たくさんの幸せがすでにあることに気づかされます。

他者評価に振り回されそうになったとき、支えになるのは、やはりたくさんの幸せをすでに得てきていることに対する自己満足なのです。

もっとデカく、もっと強く、もっと迫力のある身体に――と、自身の未完成を焦ったり憂《うれ》えたりするより「よくここまでやってきた」と、これまでの頑張りと今のポジションを認めることが、そこから先、続けていくためにも、伸びていくためにも大切です。

夢を見続ける限り、次のチャンスは黙っていてもやってきます。だからうれしいときはとことん喜べばいいし、悔しいときはとことん悔しがればいい。感情に浸るとパワーチャージされ、さらなる成長と次なる挑戦に向かって再び歩み出せるから。

そう言えるのは、**本当に歩みが止まるときというのは、成長と挑戦への意欲が薄れたときだ**と、私自身が今、身をもって理解しているからです。

ちなみに、トレーニングに勤しむ方々は「**仕上がっていないから**」と**嫌がらず、日頃から写真や動画をたくさん記録しておくことをおススメ**します。成長記録として自己満足を促すツールとなるうえに、他者評価の参考になるばかりか、いつか夢を叶えたとき、どのようなプロセスを踏んだか後世へ伝える資料になるからです。

審査基準は、デカさとカットとバランスと

ボディビルコンテストでは、まず予選として**ピックアップ審査**が行われます。シード権をもたずエントリーした選手たちを集め、決勝進出に向けて数を絞るために、数人ずつピックアップして仕上がりを比較する審査です。

審査の際に選手がとるのが**7種の規定ポーズ**。それぞれのポーズには見せるべき筋肉が明確に定められているので、運営サイドのコールに合わせてポーズをとり、ジャッジ

osophy

に向けてそれぞれの部位をアピールしていきます。

どのような点を評価していくのかというと、**一番は筋肉の発達度合い**です。いかに筋肉が大きく肥大しているか。ぼんやりと大きいよりもカットなどのディフィニション（輪郭）が明確であるほうが高く評価され、順位を大きく左右します。体脂肪がのっていると輪郭がぼやけるため、これは同時に減量の度合いも見ているということになります。

あくまで私見ですが、国によっても好みの傾向があるように思います。**日本では、特に力強い脚や尻の持ち主が高く評価**されています。**アメリカではフロントの大胸筋と腹筋（ミッドセクション）をしっかり評価**しているように思いますが、**歴代のオリンピアンを見ていくとバック、特に背中が強い選手が優勝することが多い**ようです。

パーツだけでなく全身バランスも重要です。いくら胸の発達が素晴らしくても、脚が弱かったり腕が細かったり、偏りある身体は評価を下げてしまいます。

発達度合いとバランスが成り立ったうえでの差別化にあたっては、細部を見ていきます。**神は細部に宿る**と言われるように、トップクラスの闘いとなると、やはり細かな部分の仕上がりで勝敗が決まることが多いです。

細部とは**肌の質感、ポージングを含めたステージング、競技者としてのマナー**など。ピックアップ審査のあと決勝審査においてもこれらをトータルで評価し順位をつけていきます。それでも甲乙つけ難い場合、頼みの綱となるのがフリーポーズ。1分間、自分で選んだ曲に合わせて、流れるようなポージングを行う審査です。表現力、芸術性、パフォーマンス力などが評価の対象となります。

このようにボディビルディングは、**筋肉を大きくすれば勝てるという単純明快なものではない**のです。広義《こうぎ》で肉体にまつわるすべてを競うものであり、心の在り方もまた身体の一部として捉えているのです。

肉体にまつわるすべてを競うとなると、キャリアや年齢がやはりどうしても強く関係してきます。

アメリカではあらゆる場面で**"Age is just a number"**「**年齢なんて関係ない**」と考えられていますし、私自身もそのように思っています。けれども、身体そのものを評価する競技となると話が変わってくるのですね。

体験で言うと、40代半ばからトレーニングを続けていてもウエストに幅が出るようになりました。筋肉のハリ感、３Ｄ感、爆発しそうなエネルギー感のピークも30代だったように感じています。個人差があるため一概には言えませんが、競技開始から大体10年間が成長の時間ではないでしょうか。

でも、だからといって10年経つと衰《おとろ》えていく一方なのかというと、そんなことはありません。**デニムのように筋肉にエイジングをかけて味わいを深めていく時期に入る**ということです。若いときにはできない闘い方ができるのも、この競技の醍醐味《だいごみ》なのです。

オリンピア 2016 のステージで。

プロとして、高く跳ぶためのアレコレ

02年、ＪＢＢＦ玉利会長（当時）の推薦によりプロ転向をしましたが、すぐにプロデビュー戦に挑んだわけではありません。大学卒業後、就職をして資金を貯めたときと同じように、**2年の準備期間**を設けました。

目的は資金を貯めるだけでなく、一番は身体をデカくするため。今でこそ、２０２ポンド／約92kgを境にオーバー、アンダーと分けられるようになりましたが、当時はオープンクラスのみ。**80kgの選手も１５０kgの選手も同じ「プロ」として扱われ、コンテストで並び立つ時代**でした。

プロ転向の時点で私の仕上がり体重は80kg。１６５cmの身長で見劣りせず、しっかりと闘える体重の目安は１００kg前後。つまり、プロとして〝跳ぶ〟ためには20kgの増量

osophy

が必要だということ。当たり前ですが、脂肪ではなく筋肉で増やさねばなりません。
そのため、03〜04年を身体づくりに費やし、05年のデビューを目指すこととしました。最近は増量期を設けず、最適な状態を維持しながら身体を大きくしていく選手が多いようですが、**03〜04年にかけての私は絵に描いたような増量期**を過ごしていました。**手法はどこまでもオールドスクール**。とにかく食べて太った状態でガンガン重いものを扱い、筋肉を肥大させつつ不要な脂肪を削ぎ落としていったのです。

このあたりに関しては、昨今いろいろなやり方がありますし、考え方もそれぞれです。自分に合った方法を探していけばいいと思うのですが、筋肥大を求める場合、一つ言うとすれば年齢が若く、トレーニングキャリアが浅く、関節がフレッシュなうちにどんどん重いものを持っておくべきだということ。

ボディビルディングにおいて、**筋肉をデカくするためには、なんだかんだ言っても重さを扱うことがとても重要**になってきます。とはいえ、年齢を重ねてトレーニングキャリアを積んでいくと関節がきしむようになり、思うようにはできなくなっていきます。
もちろん怪我の危険性と隣り合わせなので、回避するために重いものは避けるというのも否定はしません。ただ、健康維持のトレーニングではなく、この世界で上がっていきたいと思うのならば、避けている場合ではありません。20〜30代のパワーが有り余っているような時期に高重量を経験しているかいないかで、仕上がったときの重厚感、質感、密度が大きく変わってくるからです。参考までに言うと、この頃の私は、**左右それぞれ90kgのダンベルをヒョイと持ち上げ、軽々ベンチプレスをしてました。**

食事は、とにかくたくさん食べることを課して、**一日あたり鶏肉1kgと卵30個**を食べ続けていました。今でこそ、食事は美味しくいただいてこそ血や肉となっていくと考えているのですが、当時はまだ調理という名の工夫を施す発想がなく……。**鶏肉は茹でるか焼くか、卵はスクランブルエッグにするか飲むか**の2択ずつ。

幸い、私は食事に関してコレと思うと同じものを食べ続けることができるので、特に苦痛に感じることなく続けることができたのです。

増量期にジャンクフードを用いる人もいますが、私は余計なものを摂ってしまいそうな気がしたのと、カロリー計算をシンプルにするためにも食材を絞ります。それが功を奏したのか、もともとの代謝の良さも手伝って太りすぎることはなく、**増量していても常に腹筋のラインは見えている状態**がキープできました。

プロ活動の資金繰りはスポンサー契約とパーソナルトレーナーとしての収入が頼りでしたが、一方でこの頃からトレーニングビデオの制作・販売も行うようになりました。

osophy

当時はまだ、今のようなソーシャルメディアの時代ではありませんから、主な情報源は専門誌。ビデオ販売があったとしてもコンテストの記録映像ばかりで、選手が普段どのような練習を行っているのか、知る方法は直接会って聞く以外になかったのです。

アメリカ留学の際、選手個人がビデオを制作・販売していることを知り、これはいい！と自分も日本人選手の先駆けとしてやってみることにしました。プロとして闘うための身体づくりの様子から始めて、デビュー戦に向けた調整、コンテストの様子から第2戦に向けての**密着ドキュメントを『究極戦士』と題して計3巻、販売**してました。

のちに出会う**トレーニングコーチのミロシュ・シャシブ**の教えもたっぷり収録されていますし「現地に行かなければ見られない世界が見られるなんて」と、大変な好評を得たのです。**一日50本、ダビングをしては日本各地に郵送しまくる**という日もありました。

収入源を増やすと同時に日本のトレーニングレベル向上にもつながり、結果的に山岸秀匡としての**セルフプロデュースの始まり**にもなったのです。今でも多くの方にご視聴いただいており、参考資料として価値のあるものになったようでうれしい限りです。

5000円程で販売していた約90分のVHS『究極戦士』。

運命の扉は「しくじり」が開く

トレーニングも食事も、たとえ増量期であっても穏当《おんとう》な手段を選びがちな私は、ボディビルを始めてからプロ転向に至るまで、大きくつまずくことはありませんでした。調整中に多少の失敗はあっても、取り組みを変えれば修正ができていましたし、すごくざっくり言ってしまえば、自分の思う通りにならないことがほとんどなかったのです。

だからきっと、**プロになってからも思い描いた未来の通りに物事が進んでいくだろう、と心のどこかで甘く見ていた**部分が、あったのかもしれません。

05年2月、自分がプロになることを決意した**アイアンマンプロをデビュー戦**に定めました。2年間の準備期間で20kg増を目指しましたが、最終的には10kg増。だいぶ大きく

osophy

はなっていましたが、やはりそれではプロの世界では通用しなかったのです。

出発前にはジムのパーティでたくさんの方々に背中を押され、コンテスト当日もたくさんの方が観戦ツアーに参加して、日本での開催かと錯覚するほどに熱い声援を送ってくれました。また、ほかに現地には来られずとも、遠方から多くの方が応援してくれていることも知っていました。

期待に応えたい。そう強く思いましたが、出場ラインナップを見て私は一気に萎縮《いしゅく》してしまったのです。身体のサイズ、迫力、密度、バランス、何から何まで全く歯が立たない。ただ雑誌を眺めていたあの頃のように、並び立つ選手たちが自分と同じ人間ではなくモンスターであるかのような感覚に陥り、自信も何ももてない状態でした。

これから、どうなってしまうのか。考え始めたらとても恐ろしくなってきて、正直ステージにも立ちたくありませんでした。逃げ出したい。でも、逃げ出すわけにはいかない……。本当にたくさんの気持ちをいただいてここまで来ているのだから、とどうにか自らを奮い立たせて努めて冷静に振る舞い、皆さんや密着カメラには笑顔を見せて、そこでできる限りのステージングをしたつもりです。

したつもりだけれども、実際にはどうだったのか。『究極戦士』に記録はされているものの、実は私の記憶はほとんど残っていないのです。結果は15位でランク外。**プロコ**

ンテストでは、15位以下にランクはつきません。まるで記念受験をしに来たかのような、ただ出場しただけのデビュー戦。悔しさを感じる余裕もなく、居心地のいい日本へと逃げ帰りました。

初めてだから、それくらいで当然。ここからが始まりだよ。課題がたくさん見つかったね。

皆さんは、そう温かく私を迎え入れてくれました。おっしゃる通りだけれども、自分はプロになることではなく、トッププロとして活躍することを望んでいました。

アマチュア時代よりも身体は確実に良くなっていました。それでも、ランク外という現実に直面したわけです。でも、だからといって諦めるという選択肢はありません。落ち着きを取り戻したのち、再びボディビルディングと向き合ってできる限りのトレーニングを続けていきました。**1年後、再びアイアンマンプロにチャレンジした結果は15位**。

初戦の経験から「運が良ければ、一度くらいはピックアップされるかな」くらいの想いでいましたが、さすがに2年連続で箸にも棒にもかからないとなると……。

プロボディビルダーのうち名を馳せられるのは10%。**ほとんどが1回コンテストに出て消えていく者ばかり**。自分が身をおく世界の厳しさを肌で感じ、噂話のように聞かされていた話が現実となって重くのしかかってきました。

挫折感に打ちひしがれ、行き場のない閉塞感と停滞感に苛《さいな》まれ、絶望にも似た気持ちを抱《いだ》き始めたとき、運命的に未来への扉が開かれました。**伝説のプロボディビルダーであり、最も偉大なトレーニングコーチの一人として知られるミロシュ・シャシブと出会**ったのです。

師ミロシュ・シャシブと。

停滞も変革も、メンタルがもたらすもの

ミロシュと出会い、**チーム・ミロシュに加入**したことが私の人生におけるとても大きな転機となりました。彼のもとで学び始めて1ヶ月。身体がガラリと変わったからです。

ボディビルを始めて10年間、ずっと一人で学び、取り組み、結果を出してきました。「自分は自分のやり方で」進んできたことが、私の一つの誇りでもあったのだけれども、ようやくここから！というところで、思うように事が運ばなくなっていました。

osophy

これ以上「自分」にこだわり続けることが果たして本当に得策なのかと思うようになり、停滞し始めた己に変革を起こすため、友人を通じてコンタクトをとりトレーニングに参加するチャンスを得ました。

ミロシュは旧ユーゴスラビア（現セルビア）の出身で、ＩＦＢＢプロとして活躍したのちアメリカでパーソナルトレーナーとなりました。筋トレ実践者であれば誰もが知っているジャイアントセットの創案者として知られています。自身が**異国からアメリカンドリームをつかんだ経験**を生かし、同じように大きな夢を胸にアメリカに渡ってきた〝外国人〟選手たちのトレーニングコーチを主に務めていました。

10年間の自分の取り組みと、ミロシュの指導の何が違ったのか。トレーニングも食事も、ノウハウは同じ。でも、ボリュームが違いました。**ジャイアントセット**に代表されるように、とにかく**取り組む量が桁違いに多い**のです。

食べろと言われた食事は、それまでのおよそ3倍量。彼は言いました。**ボディビルコンテストは、ダイエットコンテストではない**。筋肉を育てて身体をデカくするには、栄養が必要なのは当たり前。とにかく食べろ。**食べて燃やして育てろ**、と。

調整期間は食べる量を減らして絞っていくものと思い込んでいた自分は、大きなショックを受けました。取り組みを変えるのは怖かったのですが、停滞を乗り越え変革を起こすために、ロボットのようにすべてをミロシュに委ねることを決めました。

すると、みるみる身体が大きくなっていくのです。**しっかり食べているからストレスもなく、ハイボリュームなトレーニングも乗り切れる。感動を覚えました。**

ミロシュのトレーニングに初めて参加したときのこと。私を含めた5人のプロビルダーが、脚をターゲットとした10種目のジャイアントセットに取り組む流れとなりました。本格的にチームに合流できるかを判断するテストのようなものと考えていたので、途中で脱落だけはしないよう、ガッツを見せるためにも必死でくらいついていきました。

ここで生きてきたのが、日本で所属していたジム「中野ヘルスクラブ」でのトレーニング経験です。ビルダー仲間に、**中野ヘルスではメニューを途中で止《や》めるという選択肢はなかった**ことを話すと、聞いた誰もが口を揃えて「クレイジーだ」と言う、そのようなトレーニング環境のなかで知らず持久力が備わっていたのでしょう。

一人、また一人、脱落かスローダウンしていくなかで、私だけが最後までやり遂げることができました。手を止める彼らに驚きつつも、一方で「ああ、やはり彼らも同じ人間なのだな」と初戦で崩れた自信を取り戻すきっかけにもつながっていったのです。

雪辱《せつじょく》を果たせず絶望を味わったアイアンマンプロから1ヶ月。**サンフランシスコで行われたプロコンテストで、11位を獲得。**プロ転向後、初めて入賞することができました。

ミロシュの指導により、ようやく初めての結果を残したあと思ったことは、拠点をアメリカに移そうということ。いや、プロとして成功を収めるためには、移さなければ絶対にダメだと思ったのです。

なぜなら、いくら「無限／No Limits」を信条にしていたとしても、**居心地のいい日本にいては無意識に「このくらいでいい」という思考が働いてしまう**から。また、やはりプロビルダーにとっての現場はアメリカであり、聖地であるカリフォルニアにいることで見れること、知れること、学べることがたくさんあることに気がついたからです。

もちろん、一番の目的はミロシュのトレーニングを継続的に受けるため。彼のもとにいることで、停滞も変革もすべてはメンタルがもたらすものだとよく理解できました。だからこそ、チーム・ミロシュの一員としてもっと鍛錬《たんれん》を積み重ねるべきだと思えたし、その先にトッププロへの道があるとも思えたのです。

本格的に移住したのは07年のことですが、06年以降はそれまで以上に長く滞在するようになり、比例するかのようにどんどん良い結果が出るようになっていきました。繰り返しになりますが、やはり**覚悟をもって現地にいる、夢に近い場所に身をおく、リアルを味わうというのは想像するより重要なこと**なのです。

ジャイアントセットに見る、進化の秘訣

私の人生を変えたのは、プロ2年目に出会ったコーチのミロシュ・シャシブであり、彼が創案したジャイアントセット法によるトレーニングと言っても過言ではありません。

ジャイアントセットとは、同じ部位に対して4種類以上のエクササイズをインターバルを挟むことなく連続的に行う方法です。一般的なトレーニングは1種目ずつ行いますが、そこから2種を組み合わせることをスーパーセット、3種を組み合わせることをトライセットと呼び、4種目以上であれば何種目であってもジャイアントセットとして扱われます。

創案者のミロシュは、現役時代からジャイアントセットを取り入れていたそうですが、

osophy

あまりにキツいためにコンテスト前にしかやらなかったと話していました。しかも、当時はやっても4種目だったそうで、今のように10種目も20種目もやるようになった始まりは、コーチとして**私を1年でオリンピア出場を実現させる**ための手段だったそうです。

ボディビルディングにおいて、高重量を避けて通るべきではないというのは一つの考えとして私のなかにあります。だけれども、もう少し大きな視野でものを言うと、正解は一つではありません。

そのように考えられるようになったのは、ミロシュの教えがあったから。私自身、彼に従うことで身体が大きく変化して、どんどん進化を遂げていったからです。

10回ギリギリ挙げられる程度の重量設定で、2～3セット。10種目を連続して行うことで、筋細胞の速筋も遅筋もどちらも満遍なく刺激されます。刺激を受けた筋肉には、メタボリックストレスと呼ばれる化学的刺激が入ってパンプアップしていきます。**持続的なパンプにより筋肥大が起こることは、科学的に証明されている**のです。

パンプしているということは、筋肉に血液が集中しているということ。せっかく血流が集まっていくのなら、流れる血液に筋肉を育てるための栄養を凝縮させない手はないだろう、というのがミロシュの考え。**しっかりと食事を摂って栄養を確保し、トレーニング時間を可能な限り長くすることでパンプを持続し、狙った筋肉にたっぷりの栄養を**

送り込む。目には見えない栄養摂取のプロセスも考慮して、筋肉の成長過程をマキシマイズさせる方法をジャイアントセットに見出したわけです。

ジャイアントセットの定義は、はじめにお伝えした通りです。ただし、実践にあたって必ず気をつけていることが2つあります。

1つ目は、**筋肉にとって未知なる刺激であるかどうか**、です。

筋肉とはとても優秀で、いかなる刺激に対しても2回目以降は柔軟に対応してくれます。刺激に慣れると反応も弱くなるため、常に新鮮な驚きを与えなければなりません。とはいえジムにあるマシンはそう変わりませんし、種目にも限りがあります。どうするのかというと、種目と順番、そしてテンポを目的に応じてコントロールするのです。

プレス種目を連続させたり、アイソレーション種目と交互にしたり、複合関節種目と単関節種目で考えてみたり。ストレッチの局面で静止を挟んだり、スクイーズの局面で3秒数えたり、合間に通常レップを挟むのもいいと思います。手幅、足幅を調整するのもいいでしょう。ミロシュはよく2周目から種目を増やしたり、10種終えたあとはじめに戻るのではなく折り返したりもしていました。

数回同じやり方というのもダメではありませんが、私自身の話をすれば、もう20年以上続けてきているので毎回変えるようにしています。でも、それは誰かと同じトレーニ

osophy

ングを避けるためではなく、**あくまで筋肉にとって未知なる刺激を与えるため**なのです。

2つ目は、**最後の1レップまで丁寧に動作し続ける**、です。

10種目やろうとすると、10分以上動作し続けることになります。レップが進むにつれて、当然キツくなってきますが、そこで雑になってしまうとジャイアントセットを採用する意味が薄れてしまいます。

補助者がいるのがベストですが、一人であっても効かせたい筋肉と意識を連結させる**マインドマッスルコネクションをコントロールしながら完遂《かんすい》すること**が重要です。

私自身、これまでさまざまなトレーニングを試してきましたが、なかでも**ジャイアントセットは最も効果が高い方法**だと思っています。肉体的にも精神的にもキツいけれども、10年、20年続けてきたなかで感じたことのない刺激を入れることで、停滞を越えるのに非常に高い効果があるのです。

改めてジャイアントセットについて考えていくと、何かを変えていく、成長させていくためのコツが詰まっていることに気づかされます。

いくら良い方法であっても、同じことを繰り返すだけではいずれ停滞する。**進化するには変化が必要で、どのような変化を選びとるかは自分次第**。だから、常に自分がどうなりたいのか、目的を明確にしておくことを忘れてはなりません。

誰かを魅了する根源は、自尊心

自分のなかに変なこだわりがあって、プロ転向後は「出場選手」となるまではオリンピアには足を踏み入れないと決めていました。**憧れの舞台であり、絶対に立つと心に誓っているからこそ、もう観客としては行きたくないと思っていた**のです。一種の願掛けのようなものでしょうか。

しかし「そんなのはダメだ」とミロシュに一蹴《いっしゅう》されました。**本気で目指しているのなら、絶対に行くべきだと叱られ、渋々ついて行った**のが06年の秋のこと。プロとして初めて入賞を経験したのち、帰国を挟んで秋のヨーロッパツアーに出るために、再びアメリカに渡ったタイミングでした。

osophy

カリフォルニアから車で5時間。ラスベガスの会場に足を踏み入れた瞬間、ミロシュがなぜそう言ったのか、よくわかりました。アメリカではボディビルだけでなく、アメリカンフットボールやプロレスなどでも一年に一度のビッグイベントが開催されるとき、**開催地は街をあげたお祭りモード**に入ります。

メディア関係者以外もチケット保有者であれば誰でも参加できるプレスカンファレンスや「ミート・ジ・オリンピアンズ」と呼ばれる選手とファンとの交流イベント、「オリンピアエキスポ」と呼ばれるフィットネス関連の企業がブース出展する展示会などが連続的に開催され、コンテスト本番に向けて大きな盛り上がりを見せるのです。

出場をしなくても会場を歩いているだけで気分が高揚するような、不思議な感覚を味わっていたところ、どこからか「ヒデ」と声をかけられて写真撮影をする流れに。プロになってから大きく活躍していたわけではないので、自分なんて誰も知らないだろうと思っていたのですが、なんと私のことを認知してくれているボディビルファンが多くいたのです。

よく勘違いされるので、記しておきます。アメリカがフィットネス大国であることは間違いありませんが、ボディビルを取り巻く環境は日本とあまり変わりません。**あくまでマイナースポーツであり、ちょっとマニアックな世界**です。だから、ここで私を見つけてくれるファンはかなりコアなタイプであって、当時の私の認知度が高かったわけではありません。

だとしても、ものすごくうれしかったことを今でも覚えています。コンテスト出場が近くほぼコンディションが仕上がっていたので、そのまま写真撮影も行いました。そのとき、自分はオリンピアに絶対に出場するんだ、と改めて強く思ったのです。

そしてこの年のオリンピアでは、9連覇をかけたロニー・コールマンが前年度2位のジェイ・カトラーに敗れるという、大会としての大きな転換期に突入。時代が変わる。来《きた》る「次の時代」に、必ず山岸秀匡の名を刻んでみせると、心が昂《たかぶ》りました。ミロシュはきっと、ライブならではの昂りを味わうべきだと言っていたのでしょう。

トッププロを目指すならアメリカに拠点を移すべきと思ったときもそうでしたが、現場に身をおくことの大切さを再び身にしみて感じたものです。特にこのときは、夢に近い場所で自分のファンの存在を知るという自尊心が高まる瞬間もありました。

プロボディビルディングは競技であると同時に興行でもあります。だからプロとしてステージに立つ以上、観る者を魅了させる責任があると思っています。**誰かを魅了する根源は、まずは自分で自分を尊ぶ気持ち。つまり、自尊心を育てる必要がある**わけです。

私は、このオリンピア観戦を良機とし、夢の実現が加速するのを感じていました。

2006年、オリンピア後のオランダ・グランプリで。
左 ロニー・コールマン。中 ジェイ・カトラー。

ハードトレーニーではなく、彫筋職人

ボディビルディングそのものは、全世界で取り組まれているフィットネス文化です。**一説には、競技者人口はサッカー人口を超える**と言われています。もちろん実態はわかりませんが、プロもアマもコンテストにはさまざまな国から出場者が集まります。

ただ、その中心地はどこかといえば、やはりアメリカとなります。**ロサンゼルスのベニスビーチ沿いにはゴールドジムの1号店**があり、多くのトッププロがトレーニングの拠点としています。専門誌の取材や撮影が多くあり、そこに通っているだけでたくさんの最新情報が入ってくるし、プロとして名を広げるためのネットワークも作られます。

とはいえ、ジムに通い身体を鍛えているのはビルダーだけではありません。一般の男

osophy

性も女性も、若い人もお年寄りも日々のワークアウトが日課となっている方が非常に多くいます。

考えてみれば、アメリカンコミックの人気キャラクターもみんな身体が鍛え上げられていますよね。**スーパーマンもバットマンもスパイダーマンもハルクもワンダーウーマンも、例外なく筋肉質**です。必然的に子どもたちが手にするおもちゃもマッチョになるから、無意識ながら鍛えられていればいるほど良い、といった美意識が養われていくのでしょう。

空港の本屋に立ち寄れば、目立つ棚にフィットネスマガジンが多く並んでいます。ほかのスポーツ競技でも練習にウエイトトレーニングが積極的に取り入れられています。

誰かにそう言われたわけではありませんが、これまで見てきたことから想像するに筋トレに対して感じるハードルがない、もしくはとても低いのだと思います。だから、フィットネス大国と呼ばれることにも納得がいきます。

しかしながら「じゃあ、ボディビルもメジャースポーツの一つなのですね？」と言われると……前述の通り、そういうわけでもないのです。

それが何であれ、一つのことを極める道に進む人というのは限られます。ボディビルディングはただ鍛えるだけでなく、**あらゆる筋肉をバランスを見ながら大きく育てると同時に、脂肪を削り身体のかたちをデザインしていく彫刻のような作業**です。

身体のかたちを変えるのに、手っ取り早い方法はありません。体重だけならば数日あれば何kgかは落とせますが、実際に**皮下脂肪を燃やすとなったら8〜16週間くらいの時間が必要**です。そのためには身体のこと、解剖学や生理学などを知る必要もあり、考えなしに鍛えて成り立つものではありません。人によって表現はそれぞれですが、その工程は職人技であり、仕上がった身体は芸術作品とも呼ばれるわけです。

突き詰めたつもりでも、身体はどんどん進化していきます。進化と同時に変化も多いのです。キャリアや加齢とともに体質が変わったり見え方が変わったり、これまでと同じ取り組みでは太刀打ちできない場合もあるし、機械ではなく人の目による審査だからこそ時代に応じて求められるものが変わる場合もあります。

正解も、終わりもない世界。**だけれども、やっていることは至ってシンプル**。このギャップというのか奥深い感じが、世界共通でマニア心をくすぐるのかもしれません。

実際、トッププロとして活躍するビルダーたちも内向的な性格の持ち主が多く、そもそも自分に**自信をつけるためのツール**としてトレーニングを始めたというエピソードをよく聞きます。**きらびやかなステージ上で注目を集めるのは、たったの数分。それ以外の時間は、ひたすらに自分の身体と向き合い続けるわけですから、それなりの職人気質でなければ続くものも続かない**のです。

ビフォー＆アフター。

初心と感謝を忘れた先の落とし穴

勢いに乗って出陣した06年秋のヨーロッパツアーで、私は結果を出し始めました。初戦のスペインはランク外でしたが、続くオーストリアで12位、ルーマニアで6位、そしてオランダで4位。ついに、トップファイナリストの証であるポーズダウンにたどり着きました。

オーストリアとルーマニアでは前日からしっかり**カーボアップ（カーボローディング）**をして筋肉をパンパンに張らせて出場していました。しかし、評価は「シャープさに欠ける」でした。ならばと、オランダでは逆に**カーボディプリート**を徹底して臨んだところ、水が抜けて非常に厳しい仕上がりに。バックステージからも周囲の視線を感じました。それはプロになって初めてのこと。少しずつでも自分がステップアップしているの

osophy

がわかりました。

しかも同大会には、あの**ロニー・コールマン**と**ジェイ・カトラー**も出場。オリンピアン2人と同時に並び立つという二度とない体験をすることができたのです。

さらに、**4位になったことで初めて賞金を獲得**。大会翌朝、プロモーターから3000ユーロ（約40万円）を受け取り、アムステルダムを観光したことは良い思い出です。

初めて希望ではなく実感としてトッププロに上り詰められそうだという気持ちが芽生え始めた頃、ミロシュは翌年のオリンピアに私を出場させるつもりでいました。

そもそも、彼は**私がチームに加入した当初から「07年、ヒデをオリンピアに送り込む」と公言**していました。ボディビルマニアが集うインターネットの掲示板に私の写真を出したところ「いい身体ではあるけれど、オリンピアは無理」という反応が多く返ってきたそうで、返す刀で宣言した流れがあったのです。

もちろん出場する気持ちで日々のトレーニングに勤しんでいましたし、06年の終わりに4位を獲ったことから着実にステップアップしている感触もつかんでいました。しかし、オリンピアの出場資格として私が手にするべきは「前年ミスターオリンピア以降のIFBBプロ大会でトップ3」。ヨーロッパ大会で最高4位の私が、残るアメリカ本土の大会でトップ3に入るのは正直難しいか……？

それでもやるしかないわけで、とにかくミロシュの言うことに従い、再びボディビルロボットと化して日夜トレーニングに取り組みました。

自分の思考はすべて止めるため、身体のチェックも含めて本当にすべてを託《たく》しました。だから、自分がどのような身体に仕上がっているのかすらわからなかったのです。

なぜそんなことができたのか。若さゆえの怖いもの知らずだったからでしょう。何ももっていないから失うものなど何もないし、どこまでもフレッシュで吸収するものしかないから、前を見て突き進むしかない。無我夢中とはこのことで、今振り返っても最もエンジョイしていた時期だったと思います。

ツアーを終えて一旦帰国を挟み、06年12月に再渡米。翌年2月のアイアンマンプロに向けた取り組みによって身体はさらに厳しさを増し、多くの方がトップ3を確実視してくださいました。あとから写真などを見返しても、後にも先にもないくらいの凄まじい仕上がりであったと思います。……が、実際は7位止まり。

人の目で審査される時点でコントラバーシャルが起こることを踏まえ、私はコンテストに出ています。悔しいけれども仕方がないこととして、すぐに1週間後のサンフランシスコプロへと切り替えました。そこでついに**3位入賞**。**オリンピアクオリファイを獲得**したのです。

日本企業とのスポンサー契約も始まり、夏からはカリフォルニアにアパートを借りて拠点を移しつつありました。そして、**日本人として初めてのミスターオリンピア出場。ファイナル進出し、13位にランクイン。名実ともにトッププロ入り**を果たしました。長年追いかけてきた夢をこの手に収めた喜び、達成感。身をおく世界の華々しさ、多方面から寄せられる称賛と応援の声。今まで経験したことがないような興奮に包まれたまま、一時帰国。たくさんの人が私を囲み、ビジネスの話やサポートの話を次々にしてきました。半年前には考えられないことの連続で、私はどんどん調子に乗りました。慢心に溺れた私は初心を忘れ、感謝も忘れ、あらゆる関係性をないがしろにし、世界が自分中心に回っているような態度をとるように。**周囲の反対を押し切り、カリフォルニアからニューヨークに移り住む計画まで立てていたのです。**しかし、そのようなことが許されるはずがなかった。

07年12月、ロサンゼルス空港で入国をストップされ、**薬物所持により逮捕**されました。この続きは第5章でお話しします。

調子がいいときには、
たくさんの「いい話」が
舞い込んでくるもの。
だけれども、
好調子が永遠に続くわけはない。

EORY

本当に大切にすべきなのは
たとえ最悪の局面に
陥《おちい》ったとしても見放さず、
一番近くで支え続けてくれる
人たちです。

Meals philosophy

【第3章】食事哲学

食べなければ、身体は作られない

筋肉を育てるために、トレーニングをする。この流れはボディビルディングに精通していない人にもわかりやすいでしょう。

ウエイトを使って負荷をかけ、刺激を入れた反応として筋肥大という名の成長を促す。しかしさらに大切なのは、トレーニングによって促された成長を最大限引き出すための工夫。それを成し遂げるためには、食事つまり栄養摂取について考える必要があります。

筋肉を作るのも、身体を変えるのも、減量するのもすべて叶えるのは食事なのです。

私たちが普段口にするものは、**炭水化物、タンパク質、脂質の「三大栄養素」**に振り分けることができます。

phy

炭水化物と脂質はともに生きるためのエネルギーとなり、タンパク質は筋肉をはじめ、髪や皮膚や爪、内臓などの素材として使われます。これら3つの栄養素、すべてが生命維持に必要で、なくていいものはありません。この基本知識をもとに毎食、目的に合う栄養バランスとなるよう食材を選び、組み合わせ、食事内容を決めていきます。

偏ったダイエット情報などでは、ボディメイクにはタンパク質が大切で炭水化物と脂質は要らないという印象を与えるものもあります。

タンパク質は筋肉の材料となるという意味でたしかに大切ですが、**筋肉がエンジンだとすれば炭水化物はガソリン**。ガソリンがなければ車は走らないのと同様、筋肉は動くという目的を果たせません。また、炭水化物を抜きすぎると筋肉のハリが失われます。見た目を良くするためにも欠かせないのです。

すでに筋肉が大きく発達している人はサイズに見合った量が必要ですし、未発達の人がサイズアップを求めるのなら、なおさら相応の量を摂らねばなりません。

ただし、燃やし切れない量のガソリンを入れてしまうと、余剰分は体脂肪として蓄積されてしまいます。過剰摂取は避けなければならないが摂らないと身体は動かないし、作られない。この塩《あん》梅《ばい》が、身体づくりの難しくもおもしろい部分なのです。

炭水化物がガソリンなら、脂質こそ体脂肪になるだけだから不要なのでは？と思うかもしれません。よく勘違いされるのですが、**脂質と体脂肪は別物**です。炭水化物と同様に余剰分が体脂肪として蓄積されるだけで、摂ったぶんだけ体脂肪が増えるわけではありません。

脂質は関節の保護や細胞膜の形成、ホルモン分泌のために絶対に必要な栄養素であり、だからこそ三大栄養素にラインナップされているのです。

ただし、**タンパク質や炭水化物の1gあたりのカロリーが4㎉であるのに対し、脂質は9㎉と倍以上**。カロリーオーバーしやすいため**脂質をエネルギー源とする**「**ケトジェニックダイエット**」などの特別な取り組みをする場合を除いて、ボディビルダー的には脂質の摂取量は最小限に抑えたいところ。

最小限摂る脂質というのは「**オメガ3**」**として知られる**「**必須脂肪酸**」と呼ばれるものです。私は、食事を低脂肪に抑える代わりにサプリメントで摂取するようにしています。つまり脂質に関しても、できる限り摂取は避けなければならないんだけれども摂らないと身体は動かないし作られない、というところに行き着くわけです。

〈ある日の食事〉

1食目

サーモン、生アボカド1/2個、マカダミアナッツオイル、ジャスミンライス

2食目

サーモン、生アボカド1/2個、マカダミアナッツオイル、白米

3食目

牛ハンバーグ85%赤身、マカダミアナッツオイル、白米

4食目

ビーフステーキ、アボカド1/2個、マカダミアナッツオイル

HP「ラスベガス筋肉製作所」では、日々の食事を公開している。https://bighide.pro/

栄養管理は志のあらわれ

栄養管理の核となる三大栄養素、それぞれの代表的な食材を挙げておきましょう。炭水化物は主食とされるもの（米類、麦類、麺類）と、野菜のなかでは芋類に多く含まれます。タンパク質は肉、魚、卵、乳製品、豆類。脂質は調理や調味に使う油類、それ以外ではアボカドやナッツ類に多いです。

ボディメイクを始めようとすると、多くの方が真っ先に**PFCバランス**や総カロリーを考えて、実践に移そうとします。**タンパク質（P／Protein）を増やして、脂質（F／Fat）を減らして、炭水化物（C／Carbohydrate）の質を考えて量を探る。**正しい選択ではあるけれど、栄養管理に不慣れだと数値に当てはめていく食事は、なかなか理想通りにはいかないもの。

phy

食事内容を見直す際に私がおススメしているのは「**食べたものを振り返る**」**ことからスタート**すること。何を摂っているかを割り出して、そこからタンパク質の摂取量を設定し、脂質の摂取量をできるだけ低くして炭水化物をアップダウンさせながら調整していくのです。

例えば、朝【茹で卵、バタートースト、ヨーグルト、コーヒー】昼【ラーメン】夜【仕事で会食】だったとします。振り返ったら次はそれぞれの料理に何がどれだけ使われているかを把握するステップに進むのですが、このなかで構成が明白なのは朝だけですね。昼のラーメンも夜の会食も何がどれだけ使われているか、すぐに把握するのは難しい。これが**ボディメイクに外食が不向きとされる**一番の理由です。調理に何をどれだけ使用しているかが不明瞭だと摂取量がわからず、どこから着手すべきかがわかりません。

最近では多くの飲食店でメニューにカロリーが表示されていたり、スマートフォンなどのアプリケーションに打ち込めばおおよそのカロリーがわかる仕組みができています。それでも、私の感覚では実際のものは数字よりも多そう、という印象です。トレーニー向けのお店であれば問題ないかもしれませんが、どこでも受けられるサービスではない。だから**多くのビルダーが時間とエネルギーをかけて毎日自炊し、食事を持参し、時間が来たらどこでも食べられるように準備している**わけです。

把握できさえすれば、目的に応じて必要のないものを引いたり足したり、あるいはほかのものに置き換えていくことができるようになります。

脂肪を落としていくフェーズであれば、朝のバタートーストからバターを抜く。ヨーグルトを無脂肪に換える。コーヒーにミルクを入れていたとしたら、ブラックコーヒーに換えるのがいいでしょう。調理や調味に使われる脂質が抜けるだけでも、摂取エネルギー量が少なくなるため身体には変化が見え始めます。**変化を見ながら、再び食事内容を調整する。その繰り返し**です。

ハードにトレーニングをしたりステージでポージングをしたり、派手な印象が強いボディビルディングですが、そのほかの時間は**地道な作業の連続**です。

考え方によっては、制限だらけの生活と感じるかもしれません。「面倒じゃないですか?」「嫌にならないですか?」と聞かれることもありますが、それをやらなければボディビルダーにはなれないので、決意をもってやるしかありません。

それに、**人から見えないところでどれくらいのことを考えて行動に移していけるかが志のあらわれ**であって、最終的に肉体の成長につながっていくとも考えています。日常的にトレーニングする人はたくさんいても、ものすごい身体の人が滅多にいないのは、そういったところでふるいに掛けられているからだと思うのです。

志のあらわれといえば、お酒についても触れておきましょう。

私はビールが好きで、日本にいるときのオフシーズンにはよく晩酌をしていました。「増量期だから太ってもいい」と自分に言い訳をしながらラーメンなども含めて好きなものを好きなだけ食べていましたし、総じて意識が低かったのです。

意識が変わったのは、アメリカに渡ってから。現在は日本の風潮も変わってきましたが、こちらには当時から**オン／オフの考えがありません**。身体はコンテスト前の数ヶ月でつくられるものではないので、**365日休むことなくボディビルダーらしい食事を続けて良い身体をキープしながら筋肉の成長を促す**のが普通です。

郷に入っては郷に従えというわけではなく、自分もそれくらい意識を高くもって取り組まないことには、ここで勝ち上がることができないとわかったので、**自らの意志でオン／オフという考えを止め、同時に飲酒も止める**ことにしました。

なかには1杯だけとルールを定めて寝る前に飲む人もいると聞きます。酒好きにはストレス解消にもつながるので、度が過ぎなければ絶対NGにするほどのことではないかもしれません。ただ個人的に、夜は回復と成長に充てたいのです。アルコールの分解にエネルギーをもっていかれたくないから、やはり飲酒という選択はしないかな、といったところです。

炭水化物は、筋肉に送り込む

糖質制限の流行もあってか、炭水化物について何を選ぶべきかと聞かれることがとても増えました。結論として、**食事で摂るのは単糖類以外**。複合炭水化物のなかで、自分の好きなものをチョイスすればいいと私は答えます。

炭水化物について考えるとき、一つ参考になるのが「**グリセミックインデックス／Glycemic Index**」です。一般的に「**GI値**」**と呼ばれ、炭水化物がどれくらいの速度で身体に吸収されるかを表している数値**です。

吸収が早いほど血糖値は急激に上がります。すると、今度は上がった血糖値を下げようとするホルモンであるインスリンが大量に放出されます。大量に放出されたインスリンは血糖を身体の細胞へとガンガン運んでいくため、余剰分が体脂肪として蓄積されやすい、つまり体脂肪が増えやすいと言われています。そのため「身体づくりのために、できるだけＧＩ値の低いものを選びましょう」と言われがちです。

だけれども、**インスリンはタンパク質の合成を促進したり、分解を抑制するアナボリックホルモンの一種です。運び先をコントロールすれば、筋肉増強につながります。**

具体的には、トレーニング直後の食事。**筋肉は栄養を欲しがっている状態にあるため、単糖類と言われるブドウ糖や果糖などＧＩ値が高く、吸収が早い炭水化物を選び食べることで、筋肉が欲する栄養素をスムーズに送り込むことができます。**

ただし、それ以外のタイミングで食事を摂る場合には、基本的に**複合炭水化物と言われるごはん、オートミール、ポテトなどＧＩ値の低いもの**を選んでいきます。

知識として押さえておくといいのは、ＧＩ値は食材につけられた数値だということ。主菜、副菜と食べ合わせることで、吸収率は変わります。特に脂質と一緒に食べる場合、吸収スピードが下がるためＧＩ値は下がります（カロリーと混同しないように注意してください）。

だから、複合炭水化物を何かほかのものと食べ合わせる場合には、ＧＩ値そのものに関してそこまで気をつける必要はないのかな、と思っています。

炭水化物に限らず、栄養はさまざまな食材から摂ったほうがいいと考えています。

一日4～5食に設定しているならば、すべて別の炭水化物にするのが理想。しかし現実的にはなかなか難しくて私自身も**白米を軸として時々、玄米やポテトを食べる程度**。

過去にはオートミールを食べていた時期もありますが、私の性格的にしばらく同じものを食べ続けると飽きてしまうので、今はごはんがメインになっているだけです。

摂取量の設定は、新陳代謝と目的によるため自分の身体で実験を試みるしかありません。体重1kgあたり10g摂らなければ結果につながらない人もいれば、2g程度に抑えるべき人もいるし、本当に人それぞれです。

増量期よりもコンテスト前の調整期の設定に悩む人が多いかと思いますが、私の考え方では「**できるだけ食べる量は減らさずに、体脂肪を燃やす調整も進めていきたい**」なのでまず、毎食２００ｇのごはんを食べるようにします。通常１００ｇのごはんで約30ｇの炭水化物が摂取できるので、一日あたり5食のごはんで計約３００ｇの炭水化物摂取に設定するということ。

1週間続けて体重が増えも減りもしないようであれば、300gをベースとします。

そして週の半分は2倍の600g、残りの半分は2分の1の150gというように、運動量に合わせてアップダウンを入れる。身体の変化を見つつ、調整していく方法です。

〈筋肉増強とインスリン分泌〉

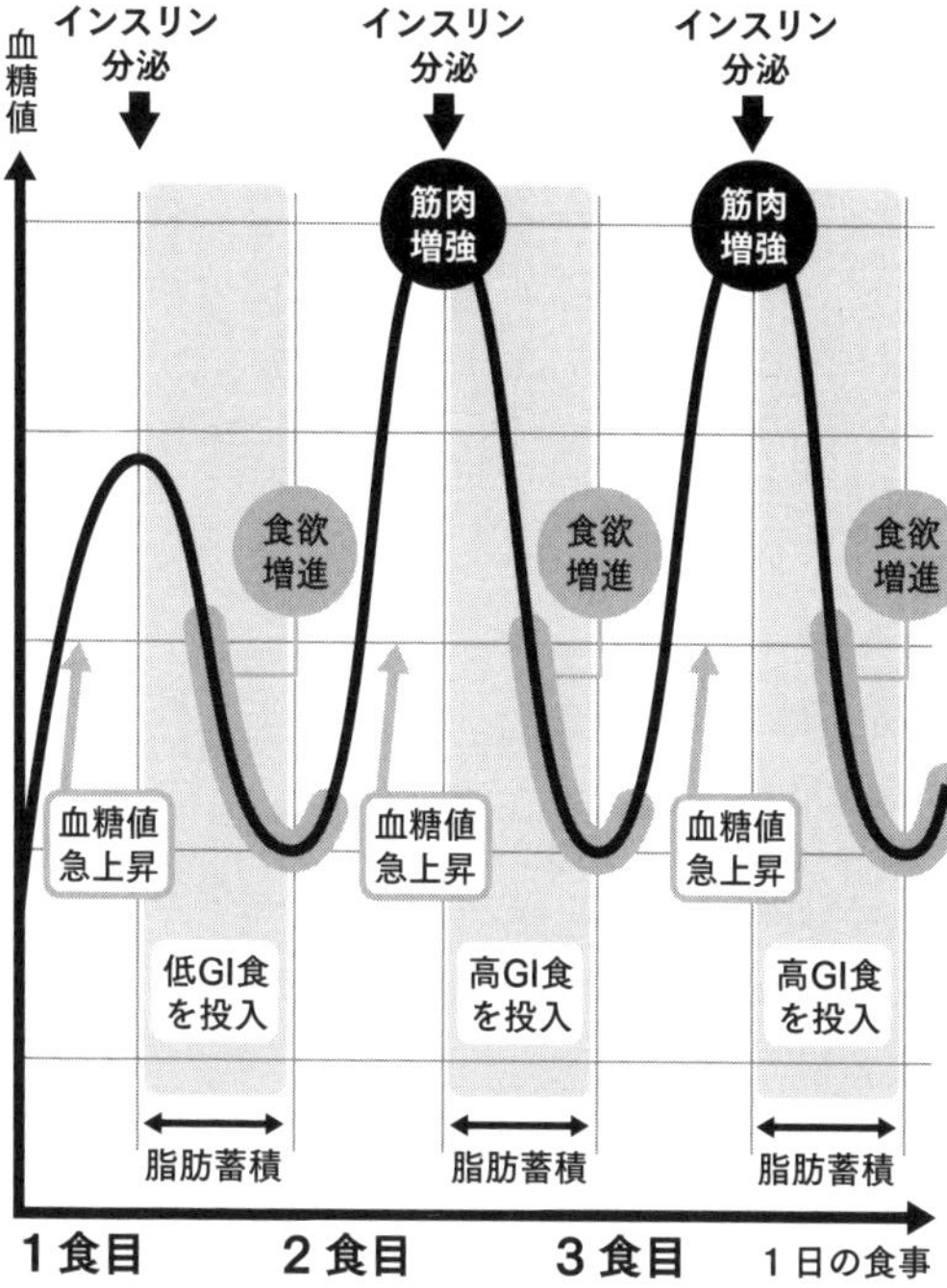

高 GI の食品例

パン類 コーンフレーク グラノーラ
にんじん じゃがいも さつまいも コーン
レーズン あんこ

低 GI の食品例

ごはん オートミール そば
トマト パプリカ キャベツ オニオン
リンゴ グレープフルーツ 桃 チェリー
豆腐 枝豆 納豆

消化吸収の悪さは、ボディビルダーの大敵

炭水化物だけでなくプロテイン、特にプロテインサプリメントの選び方についてもよく質問を受けます。なかでも**多いのが**「**プロテインを飲むと、おなかを下してしまう**」**というお悩み**です。ボディビルダーにとって下痢は死活問題。おなかを下してしまうと食べたものの栄養が身体に吸収されていかないため、筋肉の発達は見込めません。だから、食事にしろサプリメントにしろ、とにかく腹を壊さないということを前提に摂っていかねばなりません。

プロテインは**乳由来のホエイプロテイン**を選びますが、私自身も乳糖不耐症のため必ず**ＷＰＩ製法**のものを選びます。パッケージを確認すると「ＷＰＩ」もしくは「ＷＰＣ」

phy

と書かれているでしょう。それらは製造過程の違いを示しています。

「**WPC／Whey Protein Concentrate**」がフィルターを使用しろ過して作るのに対し、「**WPI／Whey Protein Isolate**」はＷＰＣ製法で分離されたタンパク質をさらにイオン交換して作られます。乳糖を含む不純物の大半が除去され、**ＷＰＣより濃度の高いプロテイン**となります。

一般的に「１００％プロテイン」とだけ書かれているものは、ＷＰＣとＷＰＩのブレンドです。私はすべてを試したわけではないのでなんとも言えませんが、飲んでみてトイレに駆け込むことがないブレンドものも確かにあるので体質に合えば、それでもいいでしょう。ただ、乳糖の摂取に不安がある場合はＷＰＩを選ぶのが安全策と覚えておいてください。

ＷＰＩ以外に、私が乳糖を避けるためにも選んでいるものをいくつか紹介しておきましょう。

まずは、**卵白由来のエッグプロテイン**。命そのものである卵は、私たちの生命に最も近いアミノ酸組成であると言われていますから栄養面、吸収面、そしておなかの調子を考えて愛飲しています。それから、ビーフ、サーモン、チキン、エッグ、ブラウンライス、豆など乳以外の動物性タンパク質と植物性タンパク質を一つに集めた**アニマルプロテイン**もアメリカではとても人気です。

また、菜食主義の方に向けたプロテインのラインナップも近年、充実しています。昔のイメージから、植物性のものは粉っぽい、あるいは味が苦手という人が多いかもしれませんが、時代は変わっていくもの。今出ているものの多くはそのイメージを覆してくれますし、植物性の筆頭と言える**大豆以外（豆、玄米、キヌア、スピルリナなど）のプロテインを一つに集めた商品**も出ています。アミノ酸スコアの低さも、不足分のアミノ酸を添加することでしっかりカバーされています。

大豆プロテインに関してよく誤解されることがあるので、触れておきましょう。大豆に含まれる**イソフラボンが女性ホルモンと構造が類似**していることから、摂取によって女性ホルモンが活性化してしまうのでは？という件です。

筋肉をつけるには男性ホルモン値が高いほうが有利だからソイプロテインの選択肢はないと思っている人が多いようですが、イソフラボンは女性ホルモンに似ているだけ。本物ではありません。むしろ、摂取することでイソフラボンが女性ホルモンの受容体とくっつき、**本物の女性ホルモンの過剰な働きを抑えるという作用**もある。実は、ボディビルディングに有用なプロテインサプリメントなのです。

数あるなかから何を選ぶか。決め手はやはり、おなかを下さないかどうかです。下痢までいかずとも、飲んだあとの膨《ぼう》満《まん》感が少ないものが体質的に消化吸収がスムーズと捉えるのがいいでしょう。もし何を飲んでも大丈夫ならばぜひ、コレと決めすぎずにいろいろ試すこともおススメします。異なる原料のプロテインを摂ることで、身体の反応が変わるからです。

トレーニング前

- スーパーパンプマックス 1 スプーン
- スーパーカーブグルコース 28g

トレーニング中

- サイズオン 1 スプーン

トレーニング後

- スーパーカーブグルコース 28g
- ホエイアイソレート 1 スプーン
- ボーンブロスギャスパリ 1 スプーン

女性ホルモン（エストロゲン）とイソフラボンの類似

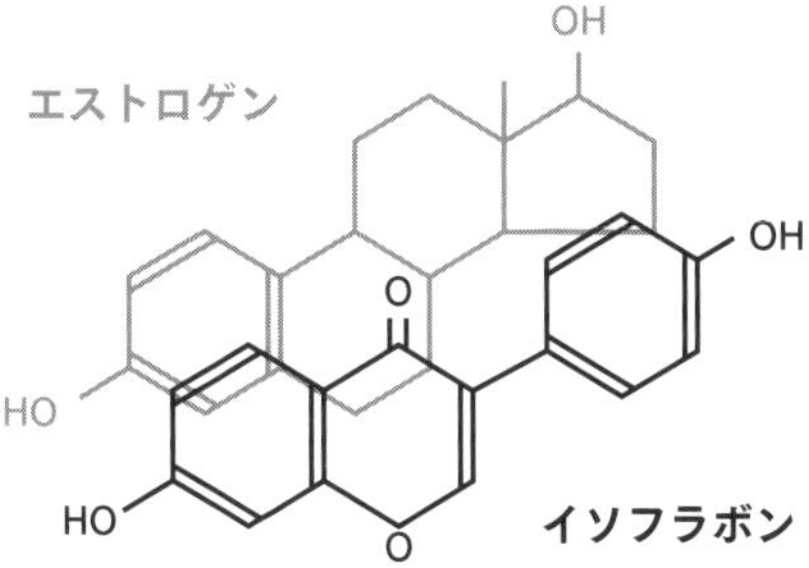

水は、喉が渇いたら飲めばいい

三大栄養素と併せて、必ず摂らなければならないのが、水。**水は第4の栄養素**、と言ってもいいかもしれません。

広く一般に知られているように、私たちの身体の約60〜70％は水分で構成されています。役割としては、体温調節や老廃物の代謝、それから食事やサプリメントから摂取した各栄養素を全身に運ぶといった生命維持に欠かせないパートを担っています。

また、身体づくりの観点から見ても**水分量が不足すると筋膜の癒着《ゆちゃく》や疲労感の増大などで運動パフォーマンスが下がるとも言われており、実際に水分量の違いからベンチプレスの最大挙上《きょじょう》重量が下がるという研究結果もある**そうです。

私は研究などに関しては聞きかじる程度であまり詳しくありませんが、とにかく水は

phy

飲んだほうがいいということは、経験を通して実感しているところです。ただし、無理をしてまで飲む必要はないと伝えたい。というのも、過去に「飲めば飲むほどいいんだ」と**1日7ℓ近くの水を飲むようにしたら15分に1回、トイレに行かなければならなくなった**からです。

15分に1回のペースでは、生活が成り立ちません。ストレスも感じたし、感覚的に7ℓはさすがにやりすぎたと反省しました。それからというもの、たどり着いたのは「**必要量だけ飲む**」という当たり前すぎる考えでした。

必要量と言うと曖昧に感じるかもしれないんだけれども、人それぞれ身体のサイズ感や許容量が違うので、一概に何ℓ飲め！と定める必要はないと考えてのことです。意識しておくだけでいい。水分摂取に意識を向けておいて、喉が渇いたなと感じたら都度飲む。それでじゅうぶんです。

参考までに私の場合はというと、**トレーニング中に1ℓ、それ以外の時間で2ℓ飲むのでトータル3ℓ／日**です。

コンテストを前にしたボディビルダーのなかには最後の調整として、できる限り水を飲まない「水抜き」、塩分を摂らない「塩抜き」に着手する人がいます。ビルダーがやっていると聞くと、どことなくストイックでかっこいい印象を受けるのでしょうか。大会に出始めたばかりのビルダー初心者やキツめのダイエットに取り組んでいる人が真似をすることが多いようです。

でも、筋肉も8割は水でできています。24時間以上、摂取を控えると筋肉はどうにか通常の状態を維持するために、水を溜め込むようになります。そのためやるとしても大会前日の夜だけにしておくのがいいでしょう。

塩抜きに関しては、私は推奨していません。塩分がないと、筋肉は収縮しません。収縮しないということは張り感が失われるということ。コンテストに出場する状態として、それがいい状態とは思えないからです。

また、同じような話でコンテスト数日前から**炭水化物を抜く「カーボディプリート」**を行い、前日や当日に**炭水化物をしっかり摂る「カーボローディング」**を行うことで筋肉の張り感を出そうとする人も多いです。これに関しては水抜き、塩抜きよりも多いでしょう。もちろん、いい手段だとは思いますが、一つ注意を促すとしたら、頼り切らないことです。

今紹介した3つの最終調整は、あくまでボディビルディングの枝葉の部分。まずはしっかりと調整を行い、大会1週間前の時点でほぼ仕上がった状態にしておくこと。そのうえで着手するのはいいと思いますが、例えば**1週間前の時点で絞り切れていないとか、甘さが残っているようであれば、それはもう潔く諦めることが大事**です。大会直前の小細工で審査員の目をごまかせるほど、ボディビルディングはゆるい競技ではありませんからね。

〈筋肉と水分の関係〉

トレーニング前

細胞の菌が均衡している状態

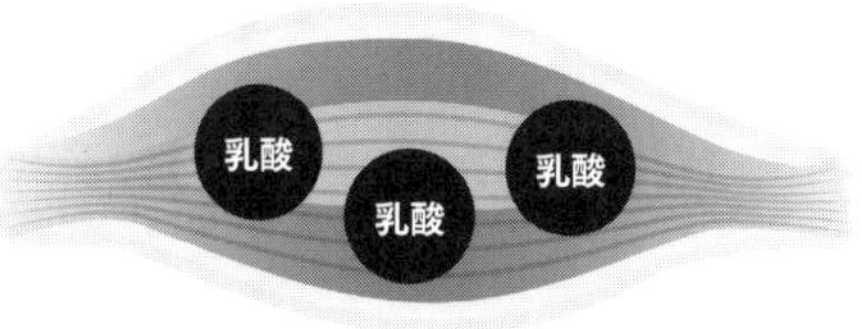

トレーニング中

乳酸により筋肉が酸性に傾く

トレーニング後

水分が入り筋肉が一時的に膨らむ

マルチビタミン・ミネラル＋単独のビタミンB、D、C

三大栄養素と水さえ欠かさなければどうにかなる、かもしれないが、摂取した炭水化物、タンパク質、脂質がきちんと身体のなかで役割を果たすためにはビタミン・ミネラルの存在が欠かせません。また、健やかな状態でボディビルディングを進めていくためにも、やはり必須の栄養素であると考えます。

どのような栄養素も食事からの摂取が前提。しかしながら、特にボディビルディング

phy

をしていると必要量が一般よりも多くなるため、食事だけでは足りないところが出てきます。保険的にサプリメントを活用することをおススメしますし、私自身もそのようにしています。

サプリメントでサポートするときの**第一選択は、マルチビタミン&ミネラル**。アミノ酸がそうであるように、ビタミン・ミネラルも単独で働いているわけではなく、互いに協調しながら機能しています。あらゆるビタミン・ミネラルをバランス良く摂ることが大切になってくるというわけです。

ただし、総合サプリなので摂取に関しては広く浅くなります。もっとしっかり摂っておきたい栄養素に関しては、そこに単独サプリをプラスオンして摂っていきます。

まずは、炭水化物の代謝に関わる**ビタミンB**。私は**複合版の「ビタミンBコンプレックス」**を飲んでいます。それから骨の強化、肌の健康、そして**テストステロンの生成に関わるビタミンD**。ビタミンD3と相乗効果のあるビタミンK2がセットになっているものを選ぶときもあります。

ビタミンDは日光に当たることによっても生成されますが、大人になって仕事を忙しくしていたり、トレーニングをしていると室内にいる時間が長くなるため、不足しがちと言われているビタミンなので、**寝る前に1錠飲む**ようにしています。

もう一つ、抗酸化や抗ストレスなどさまざまな効果で知られる**ビタミンC**。ビタミンDと同様にテストステロンの生成に関わり、ハードに追い込んだときでもテストステロン低下を防止する働きがあると言われています。**疲労を軽減するためにもトレーニングの前後に飲んでいます**。

スポーツサプリメントを試行錯誤してきた山岸氏。通販サイト「Bodi Cafe」の運営を行う。www.bodicafe.com

〈すべて Bodi Cafe で買える！ 山岸氏愛用のサプリメント〉

ビタミンＢコンプレックス

ビタミン D3 & K2
コンプレックス

マルチビタミン＆ミネラル

ビタミンＣ

筋肉は、寝て作る

〝身体づくりの三本柱《さんぼんのはしら》〟を聞いたことがあるでしょうか。**運動、栄養、休養**です。

三大栄養素と同様、全部が大切だと言われているにもかかわらず、我々はなぜか優先順位をつけてしまい、多くのトレーニーが軽視してしまうのが、**休養つまりは睡眠**です。いや、トレーニングをしていなくても、忙しく過ごしている現代人の多くがないがしろにしているとも言えるでしょう。

私も日本にいたころには忙しさを言い訳にないがしろにしていた一人だったけれど、アメリカ移住を機に意識を変えました。寝ないと筋肉はつきません。**寝ている間に身体は発達する**のです。もっと早く気づきたかった……。例えば20代のうちに気づくことができていたら、もっと圧倒的な身体に仕上げられた可能性があります。

phy

だからこそ、声を大にして伝えたい。この本を読んでいる方のなかで、今度こそ本気で仕上げたいと思っている人は、今すぐ睡眠の質を見直してください。

身体を変える第一歩が食事だとしたら、次の一歩は睡眠です。苦しい思いをしながら一生懸命トレーニングをして、せっかく栄養管理をした食事をたっぷり摂ったとしても、それらを無駄なく身体に反映させていかなければ、意味がありません。

睡眠時間は、回復と成長の時間。摂取した栄養を血流に乗せ、傷ついた細胞に届けて修復を促し、成長ホルモンにより骨を強くして筋肉を発達させ、脂肪を分解する時間なのです。

理想的な睡眠の長さには個人差がありますが、私の感覚では**6~8時間は確保したい**。しかし、大切なのは時間だけではありません。睡眠の質も見ていきます。

睡眠の質は、身体も頭もすべて休まるディープスリープをしっかりキャッチすることができるかどうかで決まっていくもの。睡眠の大切さに気づいて以降、私はより上質な眠りを手に入れるためにさまざまな工夫を凝らすようになりました。

眠りの質を上げる工夫① 呼吸

ボディビルダーの多くが、その身体の大きさから「**睡眠時無呼吸症候群**」という、睡眠中に何度も呼吸が止まったり浅くなったりしてしまい、身体の低酸素状態が発生する病気にかかる傾向にあります。

かくいう私も、その一人。体重が１００kgを超えたときから症状が出るように。低酸素状態が発生すると、じゅうぶんな回復および成長を求めることができないばかりか、肉体を司る脳にも影響が及びます。そのため寝るときには、**気道が塞がらないように圧をかける装置をマスクで装着する治療法**を採用しています。

治療を始めてから、別人になったかと思うほど睡眠で疲れがとれるようになりました。

眠りの質を上げる工夫② 枕

私は基本的に仰向け姿勢で寝ていますが、今は**横寝姿勢になっても首の高さが変わらない枕**を愛用しています。手に入れてすぐ、どんな具合かと試しに寝てみたらなんとそのまま10時間爆睡してしまいました。フィットする枕は入眠効果も高いことを知りましたし、目覚めの良さ、起床後のスッキリ感が全く違ってトレーニングに臨むテンションも明らかに違うので、改めて上質な睡眠の重要性を感じたものです。

眠りの質を上げる工夫③　サプリメント

ハードにトレーニングしたあとなど、興奮状態が続くとなかなか入眠にたどり着けないことがあると思います。早く寝なくては、と思うことがストレスとなって余計に眠れなくなってしまうこともあるでしょう。**そこで、私はディィープスリープへと誘う「ソマトマックス」、成長ホルモン分泌を促進する「フェードアウト」、発汗に対するビタミン・ミネラル補給も兼ねた「ZMA」**などを寝る前に飲んでいます。

眠りの質を上げる工夫④　目覚まし時計

最後の工夫は、朝。目覚めを良くする目的で、**光で脳を起こす時計**を導入しています。6時に設定をすると、指定時間に最も明るくなるよう数分前から光を放ち始めます。ほぼ毎日、6時より前に目が覚めるので音が鳴るときにはすでに脳が覚醒しているのです。突然、鳴り響くアラームで飛び起きるより自然な流れで一日を始めることができますし、生活リズムが整うから体内時計が正常化され、夜になると眠くなる身体になっていく感じがします。また**朝、光を浴びることで男性ホルモンのテストステロン値が上がる**と言われており、筋肉を作るうえでも良いことだと思い、続けています。

一日のスケジュール例

コンテストは卒業しましたが、**ボディビルディングそのものは生業として生涯続けていくつもり**です。ただ、コンテストが控えていないとなると、生活の軸は経営する**パワーハウスジムとボディカフェ**、2つの店舗の事務仕事となり、そのため食事のタイミングがずれてしまったり、6食摂りたいけれども5食で就寝してしまったり……ということが頻繁に起こります。

現役のときならばアラームをかけてタイミングを絶対に外さないようにしていましたが、一線を退いたのだから仕方がないか、という感じで過ごしてきました。

ただ、YouTubeチャンネルを通じて募集した弟子とのトレーニングが本格的に始まる

phy

にあたって、そうも言っていられない状況に。というのも、彼らとともに私も必ずトレーニングをするからです。

ミロシュは私を指導するとき、必ず一緒にトレーニングをしていました。それがとてもうれしかったことを覚えていたので、自分が弟子をとるにあたって、**必ず私もともにメニューをこなそう**と心に決めていました。

成長真っ只中の若手ビルダーだからといって、コーチとして引っ張っていく以上パワーで負けるわけにはいきません。気を引き締めて今、再び現役生活に近いスケジュールで日々を送るようになっています。

栄養補給は、一日6食（約3時間おき）。それからトレーニング前、中、後にサプリメントを摂取します。

○6時起床

・愛犬さくらの散歩＝有酸素運動（30分～1時間）
・オートミール、卵白オムレツ、ビタミン類

○10時トレーニング開始（1時間30分くらい）

・トレーニング前／EAA、シトルリン、グルタミン、カルニチン、グライコフューズ（カーボパウダー）1スプーン

・トレーニング中／EAA、BCAA、クレアチン、カルニチン、グライコフューズ（カーボパウダー）1スプーン

・トレーニング後／ホエイプロテイン、クレアチン、ボーンブロス、ファイバー、グライコフューズ（カーボパウダー）1スプーン

・1時間後に食事＝ごはん、チキン／ビーフ、ブロッコリー／アスパラガス／ほうれん草

※3時間後にもう1回同じ食事

○17時さくらの散歩＝**有酸素運動（30分〜1時間）**

・ごはん、チキン／ビーフ、ブロッコリー／アスパラガス／ほうれん草

※3時間後にもう1回同じ食事

○22時

・炭水化物なし、タンパク質と野菜

○23時就寝

ラスベガスにいると移動のメインは車です。さらに、今はパソコン作業をしている時間が長いため、歩く機会がとても少ないのです。コンテストに向けた調整をしているわけではありませんが、**朝夕のさくらの散歩の時間がいい有酸素運動**となっています。

トレーニング前、中、後のサプリメントに関しては、ボディカフェをやっている関係でさまざまなところからサンプルが届きます。私は自分で試してみないと気が済まない質《たち》なので、アレコレ試しているのが実情です。

さくらとの散歩をする山岸氏。

トレーニング前、中、後のサプリメンテーション

私は、サプリメントの存在価値を存分に味わえるのが、トレーニング前、中、後だと思っています。トレーニングの直前に食事を摂ってしまっては、**筋肉に回したい血流が胃腸に集まってしまいます**し、最中はもちろん、終了直後の疲労困憊の状態では食事をする気にはなりません。

だけれども、いずれのタイミングにもしっかりと栄養摂取をしておきたい。だからこ

phy

そ、**サプリメントを飲む**のです。

今、プレワークアウトのサプリはいろいろ出ていますが、大きく分けて**刺激物・覚醒物質が入ったエネルギー向上とパンプアップを誘うもの**と、**刺激物・覚醒物質が入っていないパンプアップを誘うもの**の2種類があります。

私自身、刺激物・覚醒物質に対して割と敏感なほうなのですが、商品によっては効きすぎてしまうものもあります。効くならいいのでは？と思うかもしれませんが、効きすぎは逆効果。心地よいフォーカスを生み出すものを選んでいくといいと思います。

なお、ドーピングテストを受ける予定のある選手は摂取前に内容成分に禁止成分が含まれていないかよく確認することも、お忘れなく。

初心者や刺激物などはあまり摂りたくないという方には、**EAA**がおススメ。開始15分前に1スクープ摂取することで、筋肉の分解を防ぐ働きがあります。

トレーニングを始めると、**筋肉と肝臓に貯蔵されているグリコーゲンが最初にエネルギーとして燃やされます**。次第に脂肪も燃やされ始め、そのうちタンパク質もエネルギー源となっていきます。

体内に蓄えられているタンパク質といえば筋肉。つまり、トレーニングは筋肉を鍛え育て上げるためにしていることなのだけれども、同時に筋肉を失う行為でもあるということ。これは避けられない事実なので、ボディビルダーたちは筋肉の分解をいかに阻止するかを考えねばならず、たどり着いたのがトレーニング前、中のＥＡＡ摂取というわけです。

そして、トレーニング後のプロテインには「**ハイドロライズド／Hydrolyzed**」という最も吸収されやすいものを選びます。そのうえで、１時間後に食事を摂る流れです。

YouTube でのプロテイン解説は好評。

ハイドロライズドホエイ
プロテインアイソレート

〈Hydrolyzed ＝ 加水分解＝ WPI〉

WPI はなぜ高いのか？

タンパク質以外の不純物がほぼ除去された高濃度濾過製法によるプロテイン。タンパク質含有率が90％と非常に高濃度で、吸収スピードが高速。乳糖の含有率は低いため、お腹を下しにくい特徴がある。

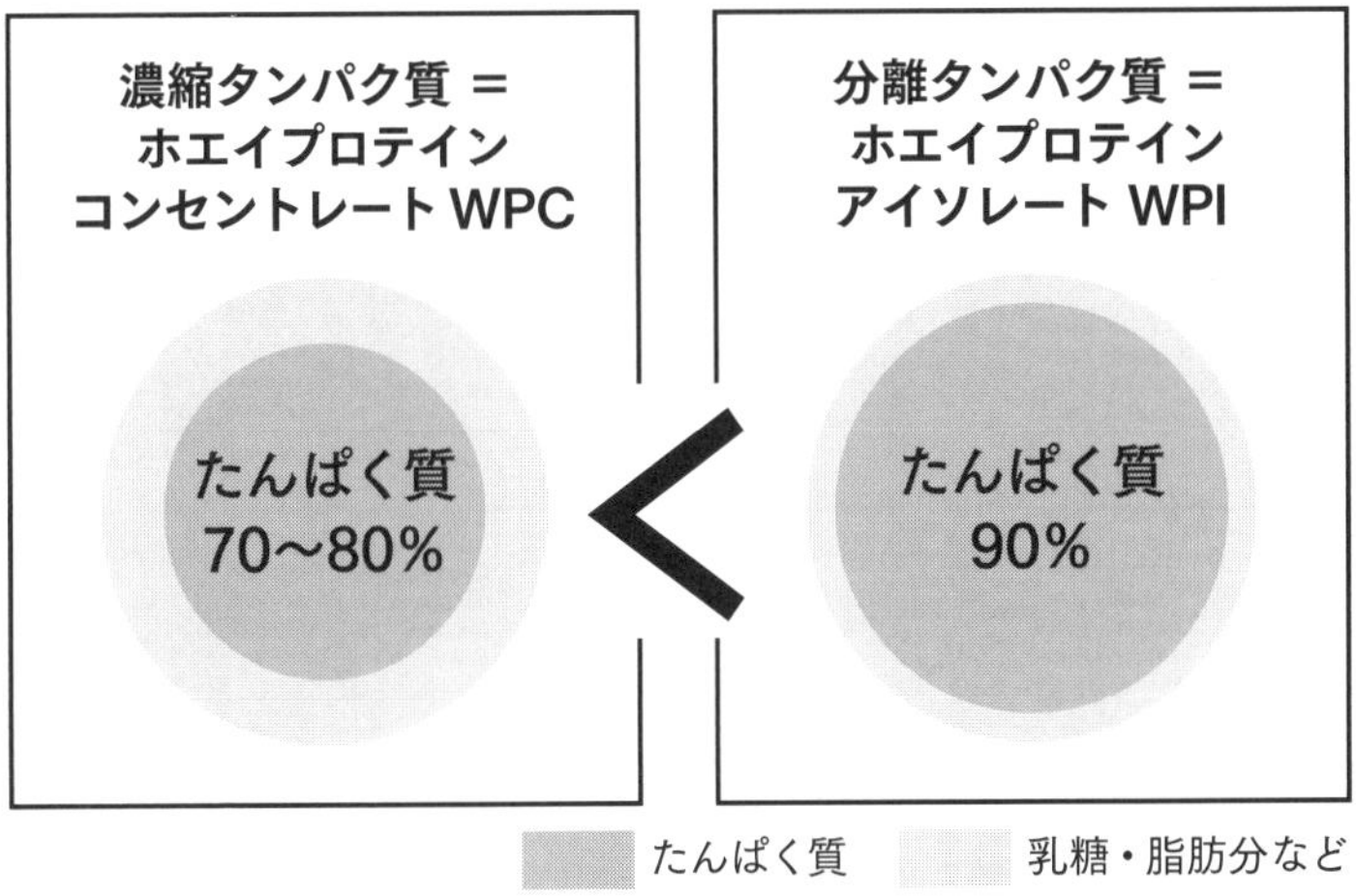

日本の伝統食あんこの威力

いわゆるサプリメントとは別物だけれども、トレーニング前、中、後の補給食、そしてカーボディプリート後のカーボローディングに最適と考えているのが、**あんこ**です。

糖は、ハードにトレーニングするために絶対に必要なエネルゲンです。にもかかわらず、炭水化物の摂取を恐れる人が多いのが実情。もちろん日常であまり動かない、運動習慣がない人にとっては摂取量を制限する必要があるかもしれません。でも、本書読者のほとんどがボディビルディングないしはトレーニングをしている、もしくは今から始めたいと考えている人でしょう。

皆さんにはぜひ、炭水化物の摂取を恐れているようでは筋発達はない、と胸に刻みながら読み進めていただきたいと思います。

phy

筋肉の育て方については、「トレーニングは筋肉を壊す時間であり、終了後の栄養補給によって回復および成長を促す」という理論が一般的かと思います。けれども、私のコーチ・ミロシュは「**筋肉は、トレーニングの最中から増やすもの**」と考えています。

そのためにトレーニング前、中、後に炭水化物を摂取し、血糖値をグッと高めてインスリン放出を誘導することで身体をアナボリックな状態に整えるのです。

吸収が早いものが求められると考えて、安価なカーボパウダーやクラスターデキストリンなどいろいろ試してみましたが糖分をとにかく入れただけのものは、一定量を超えて摂取したときにおなかを下してしまうことがわかりました。

もちろん、体質によるところが大きいと思うので私だけの反応かもしれませんが、摂ってもそのまま出ていってしまっては意味がありません。吸収のスピードだけでなく、スムーズさも考える必要があるのです。

そこでたどり着いたのが、**日本の伝統食・あんこ**。

コンテスト前のカーボローディングに使用したのですが、3~4日間カーボディプリートを続けたあとのため尋常じゃない量の炭水化物摂取が求められるタイミングとあって、カサが少なく摂取量をまかなえるものとして選んだのがきっかけでした。

どれくらいの砂糖が使われているのか知りたくなり、自分で小豆から作ろうとしたこともありますがうまくいかず……。結局、日本の商品を扱うスーパーや通販で購入していました。

ただ、イッキにたくさん食べるわけではないから余らしてしまうことが多く、どうしたものかと思っていたところで「**飲むあんこ・theANko**」と呼ばれるスポーツ向けのあんこが発売され、今はそれを愛飲しています。

塩分ゼロなので、塩抜きをしているタイミングであっても飲めますし、塩のミネラルが欲しいときには**ヒマラヤンソルトやピンクソルトなどをプラスする**ことで調整しています。そのまま飲むこともあれば、同じくカサが少なく摂取量をまかなえる餅につけて食べることも。摂取量はその人の体重によるけれど、大体**トレーニングの前、中、後に50gずつ摂る**ところから始めることをおススメしています。

ボディビルディング以外にも、持久系のスポーツに取り組んでいる人にはおススメです。**30分以上、動き続けると血糖値が下がりパフォーマンスが落ちてきますから活用してみるといい**のではないでしょうか。

〈飲むあんこ〉

築地果汁創作所の「theANko」。

山岸氏はしろあんを愛用。

どれだけトレーニングをしても食事を変えなければ、身体は変わらない。ハードに追い込む2時間のトレーニングの裏で小さな努力をどれだけ積み重ねられるかが、勝負の分かれ目。

EORY

今までちゃんとやっていなくても
今日からちゃんとやればすごくいい
身体になるし、今までちゃんとやって
いる人がもっといい食事にしたら、
もっといい身体になる。

Bodybuilding
philosophy

【第4章】ボディビル哲学

重量or回数ではなく、重量and回数

競技力の向上、健康の維持・増進。トレーニングをする目的は人それぞれです。そのなかで、私は長年ボディビルディングを続けてきているので、自分がお伝えできること、すべきことは、やはり筋肥大を求める場合のTipsと考えます。

そのうえで何を書こうか……と悩んだけれども、初心者から上級者まで共通してぶち当たる壁があるとすれば「**重量or回数**」**の問題**ではないでしょうか。

philosophy

まずは大前提の部分。**筋肉を強くデカく育てていくためには、身体にとって新鮮な刺激を与え続けることが必要**です。新鮮な刺激とは、危機感と言い換えてもいいかもしれません。

ウエイトトレーニングで筋肥大を求めるとき、**10レップで限界を迎えるような重量**に設定するのが基本です。なぜそのような設定にするのかというと、脳に対して「次また同じようなトレーニングをしたときに、今よりもっと強くなっておかないと身体が壊れてしまうかもしれない！」と思わせるため。

だから狙った筋肉に血液を集めて栄養を届かせるためには**パンプアップ**が必要だけれども、99％の人は負荷を大きくしていかないと筋肉は大きくならないのです。

低負荷で高回数、動作を繰り返すほうがパンプアップを感じやすいという人も非常に多いのです。

特に、効かせたい筋肉と意識とを連結させる**マインドマッスルコネクション**が弱い部分に関しては、ウォームアップとして軽いウエイトで回数を行いパンプアップを誘うという方法を私は取り入れています。

胸への意識が弱いと実感しているのならば、例えばウォームアップに腕立て伏せを入れる。それからベンチプレスやダンベルフライといった重さを扱うフリーウエイトを開始するのです。これは「**プレエグゾースト／事前疲労法**」などと呼ばれるトレーニング法の一つで、主動筋よりも補助筋群が使われてしまうのを防ぐやり方です。

胸の種目の代表格・ベンチプレスで狙いたいのは大胸筋。でも、同時に肩や腕にも刺激が入ってきます。そのこと自体は、骨格にもよるけれど、種目動作としてどうしても使われる部位なので多少は仕方ありません。ただ、脳と胸との神経伝達が弱いと必要以上に負荷が分散してしまうのです。

分散をできる限り防ぎ、極力メインターゲットである大胸筋に重さを乗せていくためにはマインドマッスルコネクションを強化し、胸への意識を高めることが必要。その一手がパンプアップであるということ。

いろいろ書いてしまったけれども、まとめると**筋肥大を求めるのならば重量は絶対**。重量を扱いながらターゲットとなる筋肉を強く意識できて、パンプアップを感じながら動作ができるならそれで良し。

マインドマッスルコネクション

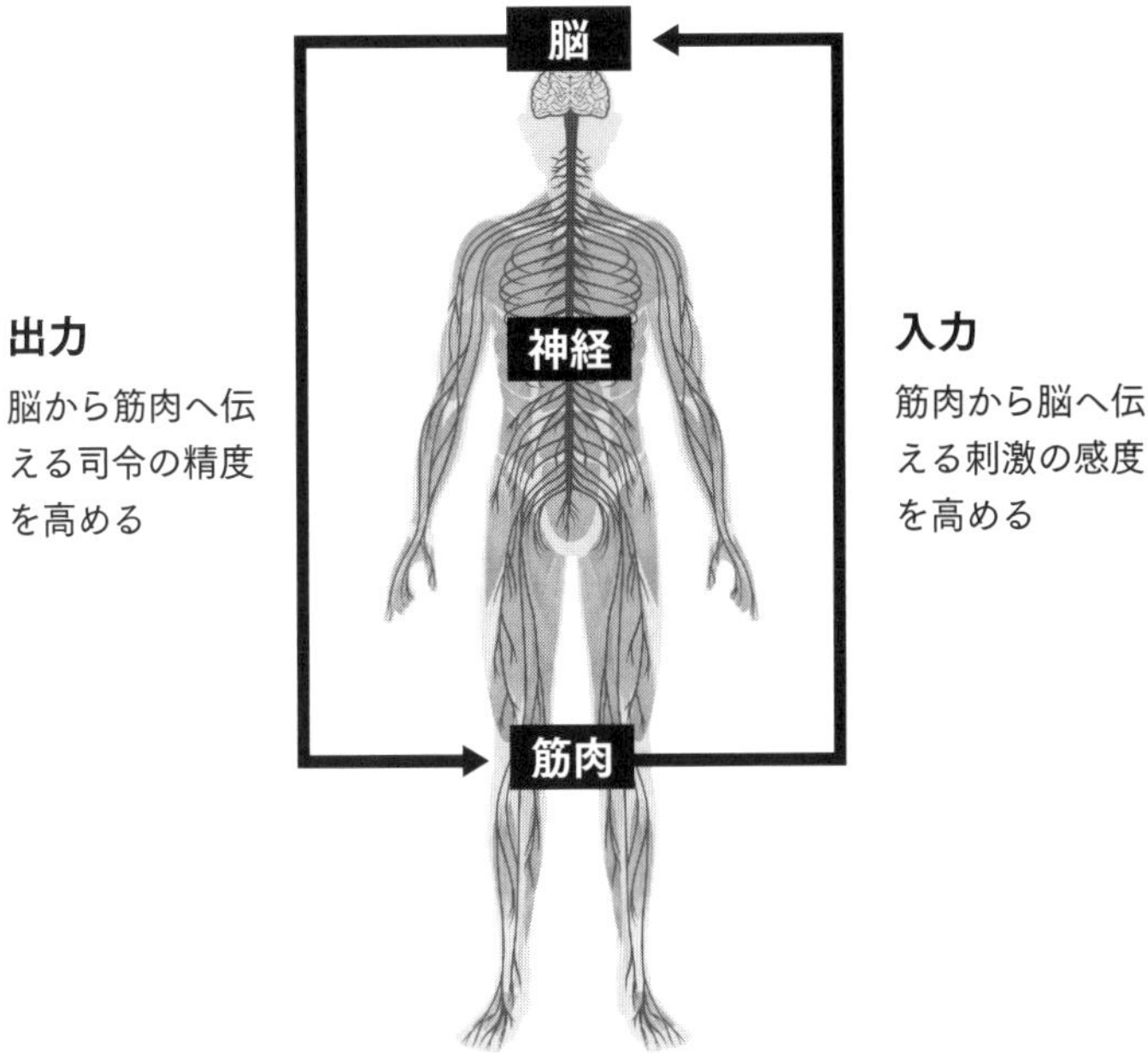

でも、重量を扱うと意識しにくいということならば、事前に**低重量・高回数**でパ**ンプアップを誘い、マインドマッスルコネクションを強化させて本来のトレーニングに入ることを**おススメします。

「重量か回数か」という二者択一ではなく「**重量も回数も**」という包括的な視点で捉えられると、トレーニングの幅が広がり、身体の仕上がりの深みも増していくのではないでしょうか。

生まれもったもので、勝つために

トレーニングに関して「苦手な部位はありますか？」と聞かれることがあります。答えは、「もちろんあります」。初心者でも上級者でもトッププロでも誰にでもあるのではないでしょうか。ただ、考え方として「**苦手**」**ではなく**「**発達が遅れている**」部位として捉えていることをお伝えしたうえで進めていきますね。

ボディビルディング的には、全体が満遍なく発達していることが勝利に近づく道ではあるのだけれども、私に関しては背中が課題と言えるでしょう。

決してマインドマッスルコネクションが弱いというわけではなく、実際パンプアップもかなりします。ところが、おそらくどこかで神経系がダメージを受けたのでしょう。広背筋下部の盛り上がりが出にくくなってしまいました。

philosophy

09年までと、10年以降のバック・ダブルバイセップスを写真で見比べると明らかで、広背筋の位置がどんどん上に上がってきているのがわかります。下のほうの筋腹《きんぷく》が短くなってしまっているのです。

トレーニングをしていないわけではないし、動作中は下部に刺激が入っていることも感じ取れます。でも、発達してこない。やり方がどうこうとか、努力不足とかでは説明がつかず、神経が通っていないとしか考えることができません。

00〜10年代を代表するトッププロ、**デニス・ウルフが脊髄損傷《せきずいそんしょう》ののちに復帰した身体**を見ると、同じように広背筋下部の盛り上がりがなくなっていました。詳しく調べたわけではなく、推測の域を超えませんが、私も同じようなダメージを受けたのでしょう。

筋腹が短くなると、その筋肉はサイズアップしにくくなります。

私は、上腕二頭筋の肘関節にかかる部分の筋腹も短く、力こぶを出そうと肘を曲げると、肘と二頭筋との間に隙間ができます。隙間の部分は腱ですが、筋腹が長い人はそのようなスペースはなく、肘からつながるように二頭筋が盛り上がります。つまり、筋腹が長いぶんだけ筋肉は大きくなりやすいのです。

オリンピアで7回優勝している**フィル・ヒースの上腕三頭筋が肘の裏まで覆いかぶさっている**のも、筋腹が長いがゆえのこと。トレーニングによってどうにかなっているのではなく、生まれもった素質ということです。

じゃあ筋腹が短い人はボディビルディング的に不利なのかというと、そういうわけでもありません。力こぶを出したときにより高い位置にピークが出やすく、セパレーションも出やすいのでステージに立ったときに映えます。ポージングも、関節を伸ばしたままでいるより曲げることのほうが多いので遜色なく闘うことができます。

私の背中に関しては神経ダメージによる後天的なものですが、筋肉のつき方に関しては生まれつきのものなので、発達が遅いからといって文句を言っても始まりません。与えられたものを最大限に生かして発達させるというのがボディビルディングなのです。

背中が多少弱くてもトッププロの一員として活躍することができたのは、自分の弱みを理解したうえで鍛え続けてきたからだと思っています。

規定ポーズは7種類あるわけで、そのうちの**ほとんどがフロント面を見せるポーズ**です。歴代のオリンピアンは背中がすごいと言われますし、実際にその通りなのですが、**背中が普通だとしても、ほかのところが圧倒的に良ければ勝てる。**

背中が弱いから、胸が苦手だから……と弱音を吐くのは結構だけれども、それがコンテストで勝てない理由にはなりません。

弱みを抱えたうえでどう勝つか。**腕は多少のごまかしが利きますが、背中はごまかせ**

ません。自分はずっと、ステージ上で**いかに大きく見せる**かを考えてきました。行き着いたのは**全身のバランス、そして太い・細いのメリハリです。広い肩、厚い胸、溝の深い腹筋、そして腿の広がり。**

腿の広がりに関して、多くの人が外に向けて広がりをつけようとするのですが、実際に観る者に広がりを感じさせるのは内転筋の発達です。また、ポージングトランクスを穿いたときにデカさを感じさせるためには、中臀筋の発達が必須。中臀筋にトランクスが引っかかり、脚の太さが強調されるからです。

私が体格的に恵まれていたなと思うのは、今挙げた**内転筋と中臀筋が発達しやすかったという点。**普段トレーニングウエアでジムにいるときより、ポージングトランクスでステージに立っているときのほうが、印象だけで言えば**20kg近く重く見える**のです。

趣味で筋トレをしているならばともかく、ボディビル選手としてトップを狙うのなら、「素質だから」と進歩や変化を諦めず、もっているもののなかでいかにして勝つか。**トレーニングに着手する前に戦略を立てることが大切**です。

最大伸び率を引き出すトレーニング概念

ここ数年、トレーニングのルーティンはほぼ変わっていません。細かい部分を調整するときもありますが、基本的に同じです。

カーフを2回入れるのは、当たり前ですが発達を促すため。ふくらはぎが細いことが、ずっとコンプレックスなのです。昔は、細いほうがいいと思っていたのですが、競技を

philosophy

始めてからは思考が一変。これではまずい、と積極的に鍛えるようになりました。

ビルダーのなかには「**カーフと前腕は自然に発達するからメニューには組み込まない**」と言う人が多くいます。筋腹が長くて大きくなりやすい人は、それでいいのです。だけど、私は残念ながらそうではないから、週2回のペースで取り組んでいます。

反応には個人差があるので、あくまで参考ですが、自分の場合は毎日やったり週4回やったり、いろいろ試した結果として週2回のレスポンスが良かったということ。

月曜＝胸、カーフ
火曜＝大腿四頭筋
水曜＝肩
木曜＝ハムストリングス、カーフ
金曜＝背中
土曜＝腕
日曜＝休養

小さい筋肉のため、高負荷が与えられないのもありますが、常に体重を支え、働き続けている部位ならではの持久力があるので成長を促すためにはしつこさが必要です。

自分の感覚では回復も早かったので毎日でもいけるかなと思いましたが、やってみると関節や足裏が痛くなりました。扁平足なので、その影響もあるのではと考えています。ようやく太さが出てきましたが、やはりもともとデカい人には及びません。

種目数は、筋肉の大きさで定めていきます。**大腿四頭筋、背中など大きい筋肉は4～5種目、それより小さい胸は4種目、肩や腕、ハムストリングスといった小さい筋肉は3種目が目安**です。

セット数は、**全力を出し切ることを前提に3～4セット**。4セット以上できてしまう場合は、全力を出し切れていないか、インターバルが長すぎるか。インターバルの設定は感覚によるところが大きいけれども、疲れたままでもいけないし、回復しすぎてもいけない。疲労と回復のほど良いバランスを探っていくのです。

つまり、種目によっても変わるということ。スクワットやデッドリフトなど、全身を使ってパワーを発揮するようなもののときは少し長めに休ませます。筋肉だけでなく神経系の**モーターユニットを休める必要があるからです。モーターユニットが疲れたままだと、筋肉を動員できないのでトレーニングによる最大効果が得られません。**

ただ、パンプアップによる効果も取り入れていきたいので、**全体の流れとしては前半はパワーを狙ってインターバルを長めに設定し、後半に入ったらパンプを狙ってインターバルを短めに設定する**、というのがオーソドックスかと思います。

で、話を戻しますが、これらを考慮したうえで3～4セットですべてを出し切る。パワーもそうですが、気持ちの面でもこれ以上はもう！というところまでを3～4セットに集約していく。この感覚が身についてくると、身体はどんどん伸びていきます。出し切る、というところで要《かなめ》になってくるのが、補助。

補助は、**基本的にスティッキングポイントでの切り返しをサポート**します。でも、そこで補助者が助けすぎてしまうと、強くなるために出さなくてはならない力を出させずに、ただ余分に運動させているだけになるため、効果は半減してしまいます。

補助者の使命は、力を出し切らせること。何回もやらせればいいわけではありません。一番弱いところで、ほんの少し触るだけでいい。それだけで動作できるようになります。サポートしすぎている場合、1回のトレーニングはすごくハードに追い込んでいるように見えるんだけれども、1年経っても全く同じ身体のはず。だから、ある意味わかりやすいと思います。

でもこの感覚は、補助者自身が極限までトレーニングをした経験があって初めてわかるものです。その意味で、ミロシュの補助は素晴らしい。本当に出し切ることができれば、1セットでも身体は変わる。そのことを彼とのトレーニングから学びました。

なお、実施者自身も補助者はいないものとして、自分で出し切れるよう訓練が必要です。**補助に頼りすぎるとモーターユニットがラクすることを覚えて力を出し切ることができなくなってしまいます。**

ハードに追い込める時間には、限りがある

トレーニング法にも流行があり、90年代前半にみんながこぞってトライしたもののなかに「**ヘビーデューティ・トレーニング／Heavy duty training**」があります。1部位につき、1セットでオールアウトさせる方法です。

1セットしかやらない、ではありません。1セットしかできない高強度で行うトレーニングです。チーティングに逃げないストリクトに動作し続けるスキルと筋力、そして

philosophy

何より強靭な精神力が必要となります。

私も何度か経験しています。1回や2回であれば、日々のルーティンに対する変化として新鮮な気持ちで取り組めるのですが……。ウエイトそのものと誠心誠意向かい合って、**嘘偽りなく出し切ろうとすると、身体に震えが起こります。**

大袈裟でなく生きるか死ぬかの境地に立たされるので、これを何年も続けるのは私には難しいなというところ。続けている選手にお会いすると本当にすごい、と素直に思います。

シンプルに性格に合うかどうかの問題だと思うので、どちらが良い悪いではありません。あくまで私は、1セットに凝縮するよりも3セットでオールアウトを目指すほうがいいかな、と。そのほうが気持ちがラクなぶん、長く続けられると思うからです。

長年続けてきて、トレーニングに対する考え方、採用する基準は常に変わっていくものだと感じています。それは時間がそうさせるというより、自分の身体の進化に応じて考え方を変えていくもの、という意味です。

筋肉の成長を促すことが一番の目的だけれども、流行りのトレーニングに触れることで知識と経験が増えることにもつながります。そこで触れたことが、キャリアを重ねたときに生きてくることもあるのです。

私の今の話をすれば、やはり関節に痛みが出やすくなってきているので、これまで以上にウォームアップを大切にしていますし、強度に関しては落とすしかありません。

先日、弟子としてともにトレーニングをしている20歳の若者に、脚トレの例を見せるために久しぶりに高重量を扱ったらやはり膝が痛みました。もう、それはどうしようもないというか、嘆いても仕方がないことです。

全盛期の頃の重さをやろうと思えば、今でもできます。だけれども、人生はこれから先も続いていくし、ここからまた新たな道を行くことを思えば過去に固執する必要もないわけです。

でも、ボディビルディングは続けていくし、弟子のためにも成長は止められない。じゃあ、どこでバランスをとっていくのかというと、**強度を3分の2程度落とす代わりに種目数を増やしたりセット数を多くしたり、といった工夫を施して負荷を補っていくのです。**

こういった変化は誰にでも起こること。だからこそ、関節がフレッシュな時期はベーシック種目をハードに、1セットでオールアウトとは言わないけれども、**3セットくらいに凝縮したなかで力を出し切るトレーニング**をしていって欲しい。

身体を大きく育てるためのベースづくりにかけられる時間には、限りがあります。

ボディビルディングに本気で取り組もうと思っている若い人に伝えたい。できることなら、機を逃すことなく、ハードに追い込むトレーニングに勤しんでください。

教科書的なマニュアルではなく自分の身体にとっての正しいフォームで、主動筋にきちんと負荷を乗せた状態で重さが扱えるスキルがあるのならば、どんどん強くしていくべきです。

YouTubeの企画で誕生した弟子にレッグプレスを伝授。

強い筋肉は、太さを生む

本書を手にした方のなかに、トレーニング初心者がどれほどいるかはわかりませんが、**始めたばかりであるならばとにかくベーシック種目を強化していくこと。力を強くしていくことを、目指して欲しい**と思います。

なぜなら、**強い筋肉は太さを生む**からです。これは自分の経験からも言えることで、発達の早い脚や胸はどんどん重さを扱えるようになっていくのに対して、発達の遅い背中はなかなか伸びませんでしたから。

強くする、というのは挙上重量を上げていくということです。重量は数字で表されるから、成長が可視化されてわかりやすいという面も大事なポイントです。一生懸命取り組んでいても、なかなか成果が目に見えて表れないとやる気につながっていきません。

philosophy

その点、始めたばかりの頃はグングン数字が大きくなっていくはずだから、とても楽しく感じるでしょうし、あとを追うように筋肉がデカくなってくるのもまた楽しいと思います。

現在、経営しているパワーハウスジムはトレーニング環境を提供することが主なので、ここにやってきたお客さんのトレーニングを私自身がサポートするシステムではありません。トレーナーを必要とする人は、それぞれにパーソナルトレーナーを雇って施設を利用するという流れになっています。

ジムの特徴としても、初心者向けというよりは熟練者向けなので、なおさら筋トレをイチから指導するということはありません。

ただ、もしもトレーニングを始めたばかりの方をアテンドするならば、数え切れないほどあるマシンエリアは通り過ぎて、まずはじめにフリーウエイトの習得を促します。マシンや見た目に派手なトレーニングに着手するのは、土台をしっかり作ってから。

自分の場合は、ボディビルディングを始める前からラグビーの補強でトレーニングをしていて、そのときはバーベルしかなかったからフリーウエイトから入ったわけだけれども、結果的にそれがすごく良かった。そこで素地ができていたから、本格的なトレーニングを始めてからもすぐ次の成長へとつながったのです。

怪我予防の面で考えたとき、万人にとって安全なのはマシンだと思います。日本のジムでは、トレーニングの導入としてマシンに案内されることが多いですが、プログラムとして展開する以上、仕方がないと理解はできます。ただ、トレーニングに精通していけばいくほど、フリーウエイトのもつベネフィットの多さに気づくことでしょう。

これもよく言われることだと思いますが、**マシンが良いか、フリーウエイトが良いかという点については、決まった正解がない**と考えています。

導入に関しては**身体の土台づくりという意味で私はフリーウエイトを選びます。**しかし、その後に関しては、二者択一的な考えをする必要はありません。すべてはその時々の必要に応じて、何を選ぶかという話です。

また、ベーシック種目の代表といえば**ベンチプレス、スクワット、デッドリフトのBIG3**ですが、これらに関して重量を伸ばすために何をしたらいいかは、私にも伝えられないことはないけれど、やはりパワーリフターの練習を参考にすることをおススメしています。

ボディビルとパワーリフティングは似ているようで異なります。コンテストに向けて身体のピークを合わせることと重量のピークを合わせることは、実は全くの別物。私自身もリフターとともに練習をしたとき、かなり伸びた経験があります。

BIG3 の詳しい解説動画は YouTube で人気を博している。

成長期のトレーニング

YouTubeをはじめ、InstagramやTikTokなどSNSでの発信を始めてから、若い世代の方からのコンタクトも増えました。もちろん私だけでなく、ボディビルやフィジークなどの選手がカッコいい身体をたくさん投稿しているのを見て、憧れている学生も多いようです。

成長期にトレーニングをすることの弊害に関しては、私は専門家ではないので言及しないほうがいいかなと思うので、自分自身の経験を書いておこうと思います。

小学生の頃はずっと少林寺拳法をやっていました。強くなりたいと思っていたし、鍛えるのが好きだったので、腹筋や背筋、腕立て伏せ、懸垂を日常的にやっていたと記憶

philosophy

しています。誰かにやらされたわけではありません。自発的に、トレーニングというより**遊びの一環**という意識でした。

そのほか走ったりジャンプをしたり、という動きも少年期には大事な運動です。のちの筋肉の発達につながっていくベースとなるところだと思うので、あまり筋肉をどうこうと考えるよりも全身を動かす意識があればいいのではないでしょうか。

中学生からは柔道を始めましたが、このときも引き続き自宅でできる自重の種目のみ。高校生になって初めてウエイト器具を手にしました。とはいえ、ラグビー部の部室にあったベンチ台とバーベルだけで、やっていたのもベンチプレスとバーベルカールくらいです。それ以外をよく知らなかったから、というのもありますが、**今にして思えば下手にスクワットやデッドリフトなどに手を出さなくて良かったな、と思っています。**

あくまで私の感覚ですが、スクワットもデッドリフトもとても良い種目である反面、**自分に合ったフォームをきちんと習得せずにやってしまうと、怪我をしやすい**のです。だから、もしもやるならば**フォームの確立が先決**。その先で実施するとしても、絶対に**高回数**です。さらに快適に、スムーズにできているならいいけれど、少しでも嫌な感じや、怖いなと思う感じがあるならばやらないこと。

高重量のデッドリフトなどは、インスタで見るとカッコよく見えるし、やりたくなる気持ちはわかるけれども、もしも腰を怪我してしまったら一生の付き合いとなります。気をつけてください。

つくる自重トレーニング４種目〉

②ツイストクランチ

膝と肘をくっつけるようなイメージで。

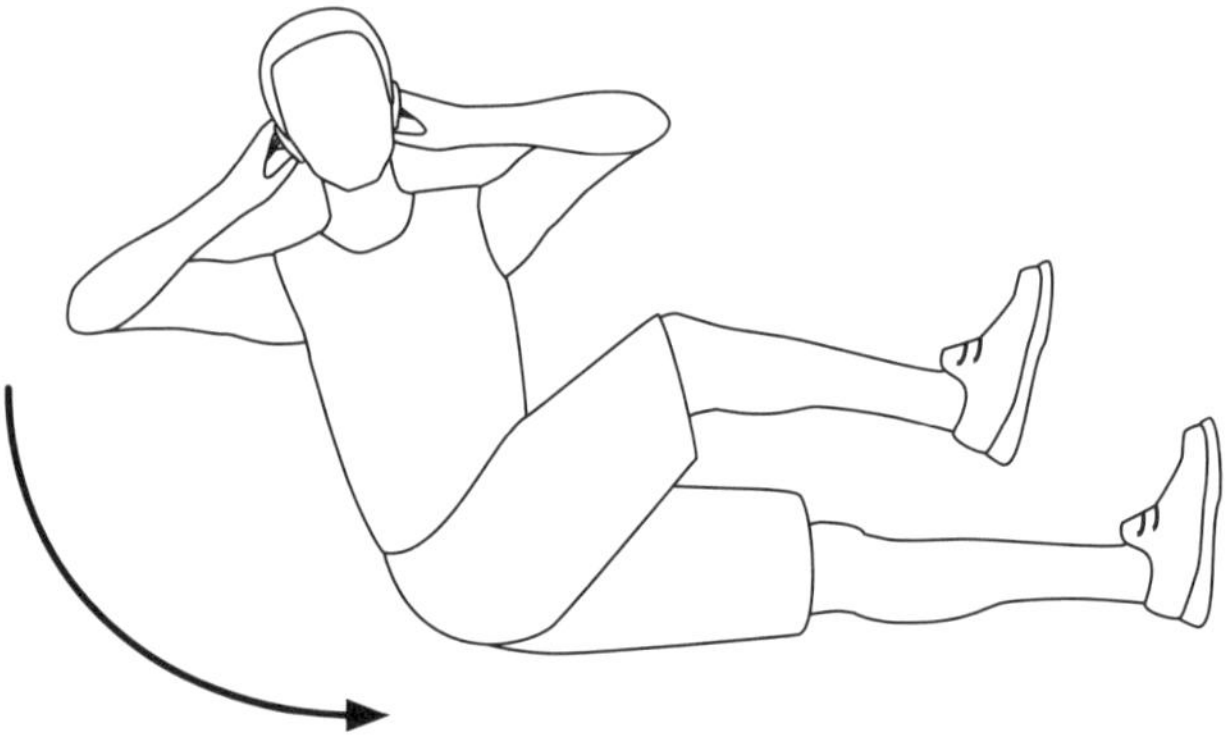

④プランク

上体を床と水平に保つ。

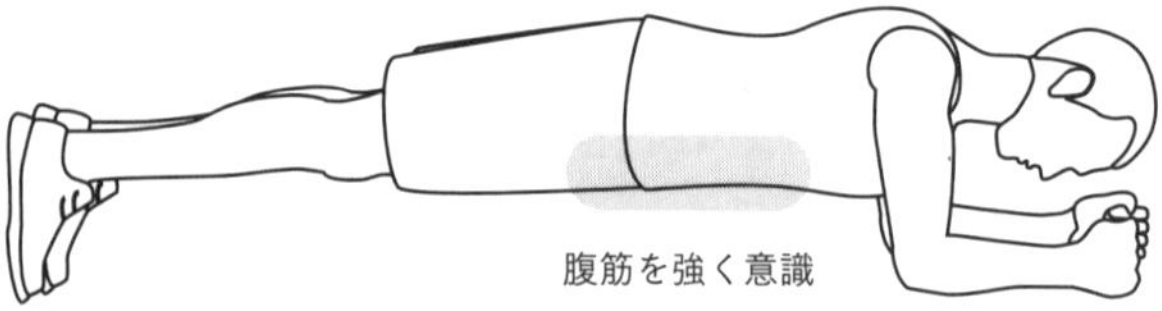

〈成長期におススメ！ 6パックを

①クランチ

上体を上げるとき自分のヘソをのぞき込む。

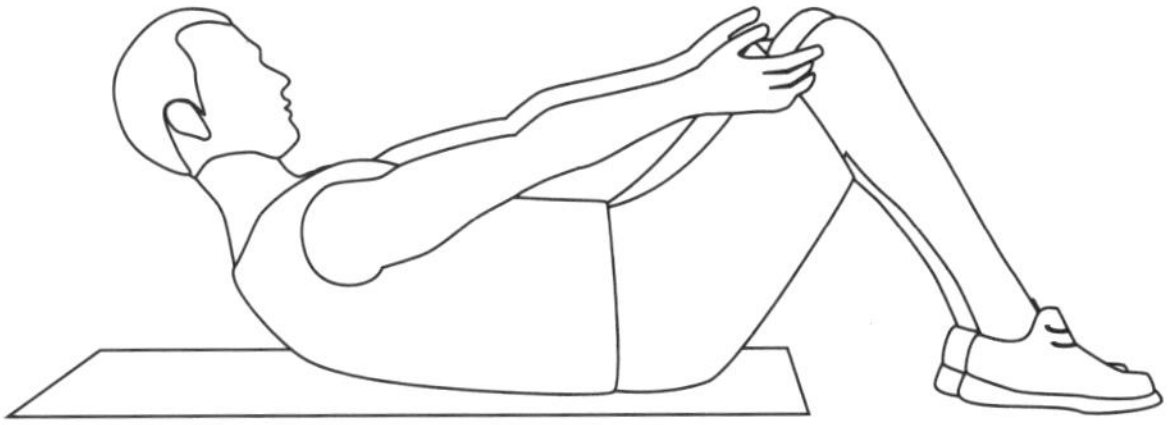

③レッグレイズ

両手をお尻の下に置く。

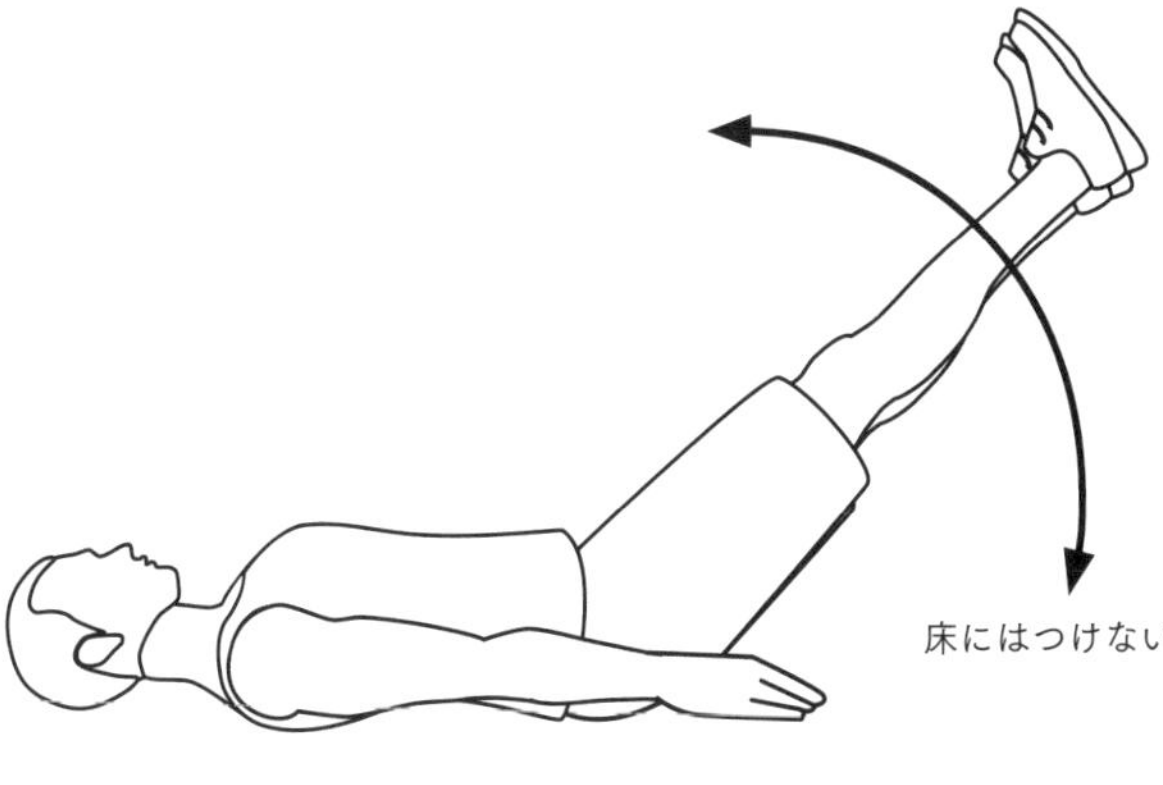

デカくて柔らかい、が最強

ストレッチについても、触れておきましょう。
トレーニング前のスタティックストレッチは、筋出力を弱めることが科学的に証明されており、あまり推奨されていません。でも、私は怪我の防止を目的としてしっかりやるようにしています。

怪我の防止と言っても、すでに長年の蓄積から膝、腰、肘に痛みが出ています。筋出力がどうこうと言う前に、**ストレッチをやらないと思うように動けない**のが実情なのだけれども、最近始めたわけではなくボディビルディングを始めた当初からずっと続けています。

philosophy

私はコンテストのフリーポーズで開脚を取り入れていたのですが、それができたのも付け焼き刃ではなく、習慣として続けてきたおかげです。開脚そのものは珍しい動きではありませんが、**パッと見は筋肉の塊でいかにもカチカチそうなボディビルダーが、スーッと180度開脚をするその姿にはギャップがあるようで、瞬間に会場がワッと盛り上がる**のです。

プロコンテストは競技であると同時に興行でもあるため、観客の心をつかむアプローチも重要な要素だと考えます。肉体の総合力で競うのがボディビルディングであるならば、**デカさと柔らかさを兼ね備えていることが最強**と言えるのかもしれません。

ストレッチを行う際に注意していることは、**痛みを感じるところまで無理に伸ばさない**こと。痛みが出るほど強くやってしまうと、逆に筋肉を壊して怪我をしやすくなります。同じ理由で反動をつけることもNGです。

伸びているな、と感じるところで呼吸しながら約30秒間キープしましょう。私がトレーニング前に行っているスタティックストレッチは、以下の通りです。

YouTube でもストレッチ術を解説している。

1
立位
広背筋ストレッチ
2
三角筋
後部ストレッチ
3
頭板状筋
ストレッチ
7
大臀筋
ストレッチ
8
大腿四頭筋
ストレッチ
9
脊柱起立筋
ストレッチ
13
腹直筋
ストレッチ
14
大円筋
ストレッチ
15
フェンス使用
上腕三頭筋ストレッチ

ボディビル競技とは、
最終的にはリンゴとオレンジとの闘い。
オレンジが勝ったからといってリンゴが
素晴らしいことに変わりないのです。
だから、競技でありつつも

EORY

勝ち負けにこだわりすぎると
面白味がなくなる。
本当の醍醐味は、筋肉を
デニムのようにエイジングしていく、
そのプロセスにあるのだ。

【第5章】プリズナー哲学

Prisoner Philosophy

アナボリックステロイド使用の実際

一体、何が起こったのか。突然のことに気が動転していたこともあり、事態を飲み込むまでに時間がかかりましたが、結果的に私は、LA郡拘置所であるカウンティ・ジェイルを経て、LA郡にある最高レベルの警備がしかれた**スーパーマックス刑務所「ノース・カウンティ・コレクショナル・ファシリティ」に計70日間、収容されました。**

所持していた「薬物」とは、**アナボリックステロイド**のこと。当時、**米食品医薬品局**

osophy

（通称、FDA）の取り締まりが強化されたこともあり、アメリカ国内よりも日本のほうが入手しやすかったのです。だから、プロに転向した06年から帰国しては買い集め、入国時に持参するという行為を繰り返していました。

話を進める前にアナボリックステロイドの使用について、私の経験をベースに書いておきましょう。日本で活動していたときは、何度も何度も疑われたものですが、使用したことはありません。国内外を問わず、どこのボディビル団体も使用を許可してはいませんが、特にJBBFはクリーンであることを重要視しているように思います。

1シーズンで3、4回の検査を受けて、**結果はすべて陰性。それでも、疑われるということは「信じられないデカさだ」と思われている証。**むしろ褒め言葉と受け取っていました。ドーピングチェックに呼ばれないほうが「アレ？　それほどじゃなかったのかな」と思ってしまうような感じです。

使用を始めたのは、プロコンテスト出場前、充電期間として2年間お休みしていたとき。私の身体にはとても有効で短期間で力がつき、サイズもみるみる大きくなりました。

ただし、多くの方が勘違いしているのですが、**使用＝サイズアップではありません。**使用したうえでハードに追い込んで初めて効果が得られます。なおかつ、誰にでも有効というわけでもなく、**体質によって向き・不向きが分かれます。**だから、結局のところボディビルディングは素質によるところが大きいということ。**アナボリックステロイドを摂取しても、必ずしも望むようなビッグサイズが手に入るわけではない**のです。

本当に?と思うでしょうか。冷静に考えればわかると思います。誰もが使用しただけでデカくなれるとしたら、ロニー・コールマンやショーン・レイ並みの身体の持ち主がゴロゴロいるはず。だけど、実際にはいないわけです。

副作用に関して、私自身が経験したのは**乳腺の発達**くらい。それ以外に格段困るようなことはないけれど、これから先はわかりません。人によってはすぐ命に関わる症状も出るわけで、使用していたことは確かですが、推進する気持ちは一切ありません。

また、**ホルモンはメンタルに直結**します。**コンテスト後にテストステロンの数値がほぼゼロ**になるため、**更年期障害のようなトラブル**が発生することも多いようです。幸い、私は数値が低くても鬱々とした気分になることはありませんが、それについてもこれから先はわからないと思っています。

私も、何も感じないわけではありません。もちろんはじめの頃に感じていたような恐怖心は年月とともに薄らいでしまったけれど、何度も打たなければならないという状況が異常であることは、わかっています。

ボディビルディングには、法則がありません。すべては誰かの経験則であり、最後は自分の身体で実験を繰り返しながら仕上げていくしかありません。

オリンピアンのなかにも使用を公言した選手は少なくありません。向こうの世界では暗黙の了解であり、よく日本で囁かれるような「インチキ」という視点は、誰ももっていないように感じました。

人によっては理解の域を超えるかもしれません。でも、**アメリカでトッププロに上り詰めるためには、絶対に避けては通れない道**だとわかり使用を決意したわけです。

ただ、繰り返しになりますが、**使用したからといって誰もがトッププロの身体になれるわけではありません。**体質的にマッチしなければナチュラルの状態とさほど変わりませんし、そもそもハードに追い込むトレーニングを重ねなければサイズアップは起こらないのです。

アナボリックステロイドは、アニメに出てくるような万能薬ではないということ。

マッチしてもしなくても、命を削る危険性のある選択であること。

そして、何よりもチャンピオンになるくらいの人は、プロもアマチュアも、王者になるべくして生まれてきているということ。

これが私の経験からお伝えできることのすべてです。

プリズン的環境適応術

ＦＤＡによる取り締まりが強化されたことから、**所持だけでもフェロニー（重罪）**になるというのに、よりによって大量にアメリカに持ち込もうとしたことから売買を疑われました。実際はすべて自分で使用するためでしたが、そこで何を言おうとも……です。**ランクの高い重犯罪者である危険性が高い**と判断され、そのまま手錠をはめられ、**カウンティ・ジェイル**に連行されることに。

映画で見たようなジャンプスーツに着替えるよう促され、真冬の寒さ厳しいなかで何時間も待たされ続けました。英語とスペイン語と、聞き覚えのない言語が飛び交うなか、一人、事の重大さにも気づかず「すぐに出られるだろう」とたかをくくり、コンテストに向けた準備について考えていると、誰かの声が聞こえてきたのです。

osophy

「**自信なさげにしてはダメだ。ナメられたら終わる**」

ようやく番号が呼ばれました。建物の奥に進み、100人くらいが収容できそうな大きな部屋へと通されると、リーダーのような位置づけの黒人男性が部屋のルールを説明し始めました。

あとからわかったことですが、多民族国家のアメリカはジェイルもプリズンも、すべて人種で管理されているのです。日本との間を行き来するようになってすでに何年も経っていたけれど、恵まれていたのか、そこまで人種を意識させられるような差別的な出来事に出くわすことはありませんでした。このときが初めて、と言ってもいいくらい。

アジア人は多くないので、アフリカ系と同じグループに分けられます。入ってすぐ、部屋のルールを共有し人種ごとに分けるのは、何か変なことをしてしまってトラブルに発展した場合に、**人種間の争いに発展**してしまうのを避けるためでした。

部屋のメンツはフレンドリーで大きなイザコザは起こらなかったけれども、もしかしたら私がボディビルディングによって強靭な肉体をもっていたからかもしれません。

ジェイルに連行される理由はそれぞれですが、平均してガタイのいいワイルドな見た目の屈強な男たちが集まっていました。また、**アメリカには良くも悪くも容姿重視の風**

潮があるため、アジア人にしては筋肉がデカく、インパクトのある強い身体をしていたことから一目おかれたように思うのです。

実際に罪を犯したとはいえ、私はボディビルのことしか考えていなかったわけですから、いわゆる「悪人」たちのなかに放り込まれるとなれば、やはりそれなりに緊張します。だからこそ「**自信なさげにしてはダメだ**」との言葉が耳に入ってきたのでしょう。

その心がけは、**スーパーマックス刑務所**に移動したあともちろん続きました。

不幸中の幸いというのか、自由に使える時間だけは豊富にあったので、新聞を読み込み英語の勉強をするようにしました。なぜならば、**言葉がわからないとどうしても声が小さくなってしまう**から。

アメリカで生き抜くためには、自己主張がとにかく大切です。日本で言われるような「以心伝心」や「一を聞いて十を知る」のような考え方は一切、通用しません。**自分の考えを言葉にして明確に表現しない限り、理解を得られない**のです。

英語が話せない、理解できない、自己主張ができない、というのは相手にしてもらえないばかりか、つけいる隙を与えてしまうことにもなりかねません。

スーパーマックスに収容されるのは、**ランクの高い罪人ばかり。常習犯も多く、彼ら**

は共通して口が達者です。言葉で巧みに相手の心を操作するスキルをもっているので、油断すると言いくるめられてしまいます。だからこそ、英語力の強化が急務でしたし、発言するときはこれまで以上に口を大きく動かし、大きな声を出すことを心がけるようになりました。

結果的に、大きなトラブルに巻き込まれるようなことはなかったけれども、誰がどこで何を考えているかは最後までわかりませんでした。だから、**本当にいつ襲われても対応できるよう、夜は常に仮眠状態**が続きました。また、私は視力が悪く、ワンデータイプのコンタクトレンズを使っていたのですが、予備がなく、70日間ずっと同じものを使う羽目になりました。まさに、**サバイバル**でした。

しなくていい経験ではあるかもしれないけれど、アメリカで生き抜くための必須スキルを実践を通していくつも学んだ時間となりました。

余談ですが、常連組の何がすごいって、話術はもちろんのこと、彼らのクリエイティブ能力です。**食事で出たリンゴを発酵させて酒を造ったり、スープとして出たインスタントラーメンをアレンジしてピザやケーキのようにして分けてくれる**のです。楽しむためのものが何もない閉鎖空間で、ゼロから楽しみを生み出す力には感心しましたね。

リアル・プリズナートレーニング

カウンティ・ジェイル生活3日が過ぎたとき、再び番号を呼ばれました。すし詰め状態のバスに乗り込み着いた先は、空港裁判所。

実は当初、所持していた薬の数の多さから起訴の数が多くなり、下手したら懲役20年以上になると言われていました。罪をつぐなう気持ちは当然あるけれどもさすがにそれは……と思っていたら、アメリカと日本を行き来するようになった頃からずっとお世話になっている「ベティ鈴木」こと鈴木弘子さんの計らいで、優秀な弁護士さんにサポートしていただけることに。

日本はどうかわかりませんし、あくまで当時の話ではありますが、アメリカでは裁判に入る前に検察官と弁護士との密談により「**懲役20年にはしない代わりに罪を認めなさ**

osophy

い」とディールを行う時間がありました。一つひとつの案件に対し、必要以上に時間をかけないスタンスが、なんとも合理主義の国らしい流れだと思いました。

20年の刑は免れたものの、起訴件数の多さは変わりません。ゆえに収監されることになったのは**最高レベルの警備がしかれたスーパーマックス刑務所**でした。

割り振られた数字が大きければ大きいほど高い監視レベルが必要な囚人ということになるのだけれども、やはりここでも起訴数の多さが仇となり、700番台を振られました。ほかのメンツがどのような罪を犯したかは知りませんが、通された部屋に一歩踏み入れただけで**絶対にヤバい空気**が漂っていました。

ナメられたら終わる、とはまさにこのこと。全意識を集中させて、周囲の一挙手一投足に注意を払いながらベッドに向かうと、背後で殴り合う音が聞こえました。振り向こうとした瞬間「ロックダウン!」との刑務官の声が。つまり、ジェイルの封鎖です。

場が制され事なきを得ましたが、別のタイミングであれば巻き添えを食っていたかもしれません。さらに幸運だったのは、刑務官の一人が私を知っていたこと。「ヒデは700番台になるほどのことはしていない」と意見してくれたようで、すぐに500番台へ移動させてくれたうえに、**信頼のおける模範囚であるトラスティ**に指名してくれたのです。

元はと言えば、**ボディビルのせいで逮捕されたわけですが、ボディビルのおかげで最悪の事態を免れることができた**のです。

トラスティに選ばれると、3人1組で仕事を回されるようになります。普段の食事は**何が入っているのかすらわからないくらいの「臭い飯」**でしたが、仕事をしているときだけは刑務官たちと同じものを食べることができました。

3時間ごとに栄養補給ができるわけではありませんし、タンパク質の摂取量も少なかったので、結果的に収監されていた間にトータル20ポンド（約9kg）も落ちてしまいました。それでも20ポンドで済んだのは、**暇を見つけては自重トレーニングに勤しんでいたから**、だと思っています。

ジェイルにもプリズンにも、武器に用いられるのを防ぐためウエイト器具などはおいていません。あるのは**ディップスとチンニングバーだけ**。刑務所のなかにいても、私は翌年2月のアイアンマンプロに出場する気持ちでいたので、一日のほとんどの時間を自重トレーニングに費やしました。

腹筋、背筋、腕立て伏せ。もちろんディップスとチンニングもしましたし、**ヒンズー**

スクワットは一日1000回、繰り返していました。はじめこそ「俺もやらせてくれ」と近づいてくる囚人仲間もいましたが、全員途中で脱落していきました。まわりから見たら、きっと私は常軌を逸しているように感じたのではないでしょうか。

またトラスティとして仕事をしている時間は、**水を入れたビニール袋を竹のような棒に括りつけてバーベルに見立て、ベンチプレスやカールをしていました**。

刑務官たちも私がプロボディビルダーであることを知っていたので、特に若いシェリフやアジア系のポリスからは頻繁に声をかけてもらいましたし、監視しながらも容認してくれていたように思います。

こう書いていくと案外楽しく過ごしていたんじゃないか、と思われるかもしれません。スーパーマックスには約60日いたので、たしかに最後のほうは古株ならではの過ごしやすさはありました。でも、そうは言っても刑務所、それも言語も文化も違う異国の地。

実際のところ毎日、**生き延びることだけで精一杯**でした。

長時間、自重トレーニングに勤しんでいたのも、ボディビルディングのためと思っていましたが、今にして思えば**精神をどうにか正常に保つため**でもあったように思います。

人とのご縁こそ、
最強の〝蜘《く》蛛《も》の糸〟

スーパーマックスで約60日間収容されたのち、釈放となりました。もっと早く出る方法もあったようなのですが、今後も変わらず**アメリカでボディビルダーとして活動ができることを最優先**に、という弁護士さんの計らいによるものでした。

入国の前に逮捕されていたため、この時点では日本にもアメリカにもいない状態にあったことから、まずは連邦拘置所でイミグレーションの審査へ。強制退去させられてしまうと二度と入国できません。どうなるかと思ったら、ありがたいことに自己都合による帰国として処理してくれたのです。以降、観光ビザでは無理だけれども、きちんと手はずを整えれば再びアメリカで活動ができるとのことで安堵の気持ちで帰国の途につきました。

でも、ほっとしたのも束の間。この2ヶ月の間に私自身も冷静さを取り戻し、とんでもないことをしてしまったという事実にじゅうぶんすぎるほど、気がついていました。逮捕前、日本を発つときにはスーパーヒーローだったはずが……帰り着くと、私は**極悪人**になっていました。

多くのボディビルファンを失望させてしまった。刑務所にいるときよりも、帰国してからのほうが、己の慢心を思い知らされました。「**恥さらし**」と言われても、その通りすぎて何の反論もできません。

すべては身から出た錆《さび》であり、私のもとから人々が離れていくのも当然。誰も、何も、悪くない。

わかっているけれども、まわりからどんどん人がいなくなっていくあの感覚は、正直今でも忘れられませんし、絶対に忘れてはいけないことだと思っています。

そのなかで救いだったのは、そのような状況下においても、昔から応援してくださる方々の多くが、引き続き気にかけてくださったこと。どん底に沈んだ私をもう一度引き上げてくれたのは、人とのご縁でした。

スポンサー契約は打ち切りになったけれど、社長個人は「応援している」と背中を押してくださいました。ＪＢＢＦ玉利会長からも**厳しいお叱り**を受けましたが、すべてを受け止めたうえでもう一度、ゼロから再スタートを切りたいという想いをお伝えすると「**男ならやり通せ！**」と、再渡航に必要なビザ獲得に向けた推薦状を書いてくださいました。

スポンサー不在により無収入になったことで仕事を探していると、**パワーハウスジム（当時ミッドブレス）**が場所を提供してくださることになり、どうにか再スタートを切れるように。

このとき、私はずっと人に恵まれ続けていたことに改めて気がつきました。逮捕されてから釈放までの時間でさえ、**最悪の状況下における最高の出会いの連続**だったと思います。

美談にまとめたいわけではありません。でも、それまで紡いできた大切なご縁をすべて台無しにしようとした、あのときの調子づいた私に神が気づきを与えようとしたのではないかと思ったのです。

今にして思えば、**あのしくじりがなければ**私はきっと調子に乗ったまま突き進み、きっとどこかで**もっと取り返しのつかない大きな過ちを犯していた**のではないでしょうか。

選手としてのその後の復活、そして成功もなかったはずです。

収監される直前、2007アーノルドクラシック出場時。

与えられた環境下で、最善を尽くす

トレーニング愛好者のなかには、トレーニング環境が変わることをとにかく嫌がる人がいます。もっとマニアックになると、脚はどこの店舗のどのマシン、胸はここ、腕はここ、と部位別に自分のベストを定めて回っている人も少なからずいます。

仕事で長期出張が入ってしまったり転勤になったり、あるいは店舗が臨時休業をしたり。いろいろな都合に応じて柔軟に対応していけばいいものを、気持ちをうまく切り替

osophy

えられず「ああ、もう終わった」と諦めてしまう人もいます。

細かくこだわることが楽しい、という気持ちはわかります。だけれども、必要以上に固執してしまうと**トレーニングのためのジムのはずが、ジムのためのトレーニングになってしまう**。本末転倒です。

帰国後、ミッドブレスでトレーニングを再開した当初、私自身も戸惑いを感じました。ジムの設備は、標準的なもので決して悪くはありません。ただ、それまで自分が身をおいていた聖地・カリフォルニアのトレーニング環境とは、細部において異なる部分が多かったのです。

だけれども、そんなのは当たり前。言っても仕方がないことであり、仕事ができる場所、トレーニングに打ち込める環境を提供していただいているだけでありがたいことだとすぐに思い直しました。

ボディビルディングを始めてから挫折を経験するまでずっと、右肩上がりで「より良い環境」を求め続けていました。身体が刺激に慣れてしまうのと同じで、私自身も気づかぬうちに整えられた最高のトレーニング環境に甘やかされていたのかもしれません。

贅沢を言えばキリがありません。このタイミングで改めて、**与えられた環境下で最善を尽くす**ことをしてみようと気持ちを新たに取り組みを始めたのです。

結果的に、気持ちだけでなくトレーニング内容も原点に戻り、基礎を見つめ直す良い時間となりました。その後、アメリカに戻ってからもう一度、花を咲かせられたのはこの期間があったからだと思えるのです。

09年のはじめ、アメリカに正式移住。しくじりをチャンスに変えられるかどうかは、ここからの活躍次第だとわかっていたので気を引き締め取り組んだところ、現役史上最も安定した成績を打ち出すことができました。

クオリファイ獲得を経て2度目のオリンピア出場。トップサプリメントブランドである**ギャスパリニュートリションとのスポンサー契約。**そして、当時人気のフィットネス雑誌の一つ『**マッスルマグ・インターナショナル**』とも契約を交わすことに。

トップボディビルダーの収入源はコンテストの賞金もありますが、基本はスポンサー契約です。そこには大きく分けて、**サプリメントとフィットネス雑誌、そしてウエアといった3種類のかたち**があります。ウエアはスウェーデンの人気ブランド『**GASP**』**と専属契約**を結び、3つすべての契約を手に入れることができました。

それはつまり、ボディビルディングだけで生活をしていけるということ。名実ともに、トッププロの仲間入りをした証です。生活のすべてを最適な食事、ハードな運動、じゅうぶんな睡眠にかけられるとあって、身体もみるみる良くなっていったのです。

プロとしての戦歴だけを見れば、オリンピアに連続出場してはいるものの、コンテストにおける優勝は10年4月に一度だけ。なのになぜ、ギャスパリやマッスルマグとの契約が成立したのか。それは、私が**アジア圏の出身**だからです。

スポーツの場面で、よく言われることの一つが「**日本人は身体が小さくフィジカルが弱いから世界では勝てない**」だと思います。ボディビルも例外ではなく、ハイレベルなコンテストのトップ争いに名を残す過半数はアフリカ系人種の選手。でも、私はサイズの面で劣る日本人でありながら名を連ねていました。

私の活躍は、ボディビルディングはサイズがすべてではないことの体現であり、また、アジア系人種に向けられがちな「**勤勉で真面目というステレオタイプ**」の**払拭につながる**という見方もありました。それにより、じわじわと人気が高まっていたのです。

2社が私に目をつけた本当の理由は、そこでした。特に**ギャスパリはアジアをマーケットに展開する考え**もあったため真っ先に声をかけてくださったのです。

環境、とは少し違うかもしれないけれど、これもまた与えられたもの（＝人種の違いによる骨格の違い）のなかで最善を尽くし続けた結果と考えます。何事も文句を言ったり諦めたりするのは簡単。だけれども、まずは**できることをすべてやることで拓《ひら》ける道がある**ことも知っていて欲しいです。

勝つための戦略的判断

一つのことに取り組むとき、何を一番の目的とするかによって優先順位は変わります。長年の夢をまっすぐ追いかけ続けるか。それとも、新たに定めた目標に方向転換するか。どちらが正しいかなんて、誰にもわからないこと。だけれども、そのときの自分にとって何が必要かを考えれば自ずと答えは出てきます。

私は後者を選びました。そのときの私には、プロキャリアを代表する大きなタイトルが必要だったから。オープンクラスで挑み続けていた**ミスターオリンピアに新設された「212クラス」に転向**。優勝を狙うこととしました。

オープンクラスしかなかったオリンピアに、新たに部門が新設されたのは08年のこと。

osophy

当初は、202ポンド（約92kg）クラスでしたが、4年後に10ポンド増量（約96kg）した「212クラス」に改定されたことを機に転向を決意しました。オープンクラスのオリンピアとのオーバーオール決戦はなく、**軽量級ビルダーに向けた単独のタイトル**。ミスターオリンピアに憧れ、進み続けた道でした。2回目の挑戦であった09年のオリンピアではついにトップ10入りを果たしました。「出場だけでも素晴らしい」、「**アジア系ビルダーの希望**だ」と人は言ってくれたけれども、私はさらに上を目指したかったのです。

10〜11年の調子の良さのまま、迎えた12年のシーズン。上半期のコンテストへの出場は控え、下半期に集中させることに。8月の大会でオリンピアクオリファイを獲得し、9月の決戦に向けてボディビル開始以来初めて、かなり過酷な調整を試みました。というのも、私はずっと**身体の丸みを少し残すことにこだわりをもっていた**からです。

骨格的にサイズが小さいので、絞り込みによるハードさを求めてしまうとステージで並び立つほかのデカい選手たちに飲まれてしまいます。また、審査員が座っている位置からは全身バランスが整っているほうが印象に残りやすいとも考えていました。だけれども、**大臀筋のカットやストリエーションがハッキリと見えるくらいまで皮下脂肪を落**

としている身体が当時のトレンドとなり、ギリギリまで絞り込むことを決めました。

今まで以上に厳しい仕上がりとなり「トップ6確実」と見込んでいたら……。まさかの15位。初出場時ですら13位だったというのに……。ショックはかなり大きかったです。

このとき、ミロシュがアメリカから離れることになったため別のコーチに依頼していたものの、仕上がりの管理は自分自身で行っていました。厳しい調整に集中しすぎて、客観的な視点を忘れてしまっていたように思います。

ステージ写真や映像を見返すと、**絞り込んだぶんアウトラインが弱くなりボリュームが失われていました。**審査員の目にはただ、細くて小さい身体に映ったことでしょう。

13年3月、オリンピアと並ぶコンテストとして有名なアーノルドクラシックに出場。しかし**3週間前に手首を骨折**してしまい、トレーニングもままならないうえに**痛みで眠ることもできない状態**が続きました。**積み重なるストレスと疲労で帯《たい》状《じょう》疱《ほう》疹《しん》を発症。**さらには**飛行機の乗り継ぎに失敗**し、不調に不運までもが重なった状態でありながら**初めてのトップ5入り**を果たしたのです。

いけるだろうと踏んだ大会の成績は過去最低。仕上がりも確認せぬまま出場した**大会の成績は過去最高。**これはどういうことなのか。そこからしばらくゲストポーズやコンテストで世界を回りながら、今後の身の振り方を考えるようになりました。

30代後半。どうしたって伸びしろは少なくなっていくし、**時代のトレンドは絞り込んでもデカい身体**。ミスターオリンピアに挑戦を続けたい気持ちはある。だけれども、自分の気持ちと周囲の評価が異なる現実を見てきたわけで……。

なぜ、そこまでオリンピアにこだわるかというと、やはり別格だからです。出場選手に配られるジャージはオープンクラスだけが名前入り。プレスカンファレンスでの扱いも、ほかのカテゴリーとは扱いが別。コンテストの盛り上がりも最高潮を迎えるのはミスターオリンピアのポーズダウン。熱狂の渦のなかにいられることが、誇りでした。

だから、本当に悩みましたが「今の自分に本当に必要なものは？」と自らに問いかけたとき、キャリアを代表するタイトルの獲得と答えが見えてきました。

「無限／No Limits」が信条とはいえ、**トッププロとして活動できる時間には限りがある。**今できることのすべてをやらずに終わりを迎えるのは嫌だと思えたので、**優勝を勝ち取るため戦略的に階級を落とすことを決意**したのです。

初年度は体重を落とす際に身体が萎《しぼ》んでしまいオリンピア212では4位に終わりましたが、次第に感覚をつかみ、15年のアーノルドクラシック212で2位、そして**オリンピア212で3位**に。それがさらに翌年へとつながって、**16年アーノルドクラシック212で優勝**を勝ち取りました。

海を渡ると日本人であることに
より誇りをもてる。
アメリカに行ったら
全員外国人。
危機的状況に追い込まれたとき、

人間は進化する。
いつでも闘える準備をしておくべし。
ワンデーのコンタクトレンズを
70日間使い続けたあの日々が
今なお人生の糧となっている。

BIG HIDE'S TH

Success Philosophy

【第6章】成功哲学

セカンドキャリアは夢の続き

16年アーノルドクラシック212優勝がキャリアのピークとなりました。

その年のオリンピア212は6位に終わり、翌年のアーノルドクラシック212も連覇はならず。この頃から身体の疲れが抜け切らないような感覚が続いて成績もふるわず。ミロシュがアメリカに戻ってきたことをきっかけにオープンクラスに復帰しましたが、18年のアーノルドクラシックは10位止まり。彼とのコンビでもトップ争いに残れないということは、そろそろ潮時なのかもしれないと思うようになりました。

45歳を迎えていましたし、正直、死に物狂いのトレーニングを続けることも少しずつしんどくなっていくのを感じ始めていました。そこで、もう一度212クラスに戦場を戻し、リラックスしたスタンスでコンテストに出てみることにしました。

プロ入りしてからずっと「**出るからには勝たなければ意味がない**」という想いでやってきたので、これはこれで私の新たな挑戦でした。

すると、とてもスムーズに調整が進み、予定より2ヶ月早いコンテストにエントリーするとまさかの優勝。クオリファイを手に16年以来のオリンピアのステージに立つと、ベテランが並んでいたかつての勢力図とは一変。**3年の間に多くの若手が台頭**しており、時代の移り変わりを肌で感じました。

そのなかで8位。我ながらなかなか健闘したと思っていたところで韓国のプロモーターに呼ばれ、「モンスタージムプロ212」に出場すると再び予想外の1位獲得。なんと10回目のオリンピア出場が決まりました。

神が用意してくれた最後の花道。ベストは尽くしたけれど、残念ながらもう身体はうまく反応してくれません。8週間前の時点でサイズ不足は明らかにわかったので、せめて絞りだけでもと厳しい減量を行いましたが……。

不思議と悔しい気持ちは湧いてきませんでした。しばらくして、コンテストへの気持ちが自分のなかで消えてしまったのを感じました。ボディビルディングへの想いはある。だけれども、**厳しい調整に再び取り組む気持ちは湧いてこなかった**。**これ以上できないし**、**正に完全燃焼**です。

コンテストへの想いと入れ替わるように、私のなかで高まってきたのが**ジムやボディカフェの経営、YouTubeのコンテンツづくり**といったビジネスへの想いです。

YouTubeは黎明期から始めていて、19年よりプロのスタッフを招聘《しょうへい》し、現在はサポートスタッフの心強い力添えもあってチャンネル登録者数20万人を超える大きなコンテンツとなりました。まさかこうなるとは想像もしていませんでしたが、第一線を退いた今の私の活動の軸の一つとなっています。

かつて**VHSで『究極戦士』**を手づくりしていた頃から、大きく時代が変わったことを実感します。筋肉、トレーニング、栄養、休養、ボディビルディングに関わるすべての情報がちょっと検索をかけただけで手に入る世の中になりました。

でも、だからこそ、日本を出てアメリカで長年トッププロとして活動し、さらに世界を獲った経験をもつ私が伝えるべきことがあるのではないかと思い、チャンネルの充実を図るようになったのです。

またYouTube企画をきっかけに、**弟子をとるという、ボディビルダーとしての新たなフェーズ**を迎えることができました。

もともと私は誰かを育てるとか教えるとか、そういうのには興味がなく向いてもいないと思っていました。だけれども歳を重ねて現役を退き、これから先、何を世の中に返していこうかと考えたとき、やはり後進の指導に行き着きました。

ちょうど**ラスベガスにパワーハウスジムを新たに構えたタイミング**ということもあり、かつてミロシュが私にしてくれたような、ともにトレーニングに励むスタイルで指導にあたっています。実は、コンテストを離れてからジムのオープン、カフェの経営に集中していたため、食事もトレーニングも少し気が緩んでいたのですが、ボディビルディングでの成功を夢見て日本から海を渡ってきてくれる人を育てるとなったら生《なま》半《はん》可《か》なことはできません。弟子がやってくる２週間前からモチベーションを取り戻し、**現役時代のような生活サイクル**に改めました。

プレイヤーとして仕事に精を出し、目の前のことに全力で取り込むことももちろん楽しい。だけれども、私はずっと我が成功を求めて走り続けてきました。だから今、立場を変えて彼らとともに**もう一度トッププロの夢を追いかけられることが、心の底から楽しい**と感じているのです。

No Limits思考の継承

弟子となる彼らには、私のすべてを伝えるつもりでいます。だけれども、そこに何か特別なＴｉｐｓがあるのかというと、そんなことはありません。細かなアドバイスは相手の体質によるから個人差があるかもしれませんが、基本はYouTubeチャンネルや本書のなかでお伝えしている内容と変わらないのです。

多くの方が勘違いしていると思うのですが、トレーニング初心者もプロボディビルダーもやるべきことは同じ。何が違うのかといえば、トレーニングないしは栄養補給のボリュームでしょうか。**新陳代謝に応じて、それぞれの質と量をコントロールしているだけ**なのです。

sophy

誰だって、**身体を大きくするためには食べなければいけない**。**誰だって、皮下脂肪を減らすにはエネルギー消費が摂取を上回るように調整するしか方法はない**のです。

つまり、身体を変えるのに手っ取り早い方法などどこにも存在しないということ。じゃあ、そのなかで私が彼らにできることは何だろうかと考えると、思考の構築ではないかと思うのです。

なぜなら**ボディビルディングは、突き詰めるとメンタルスポーツ以外の何物でもない**からです。**365日24時間、筋肉と体脂肪のことだけを考えて行動を選択し続ける生活**は、どう考えても普通ではありません。さらに、これだ！という方法に出合えたとしても、加齢や体調に応じてホルモンバランスや代謝が変わったり、コンテストで高評価が得られるトレンドが移り変わったりと、振り出しに戻ることもしばしば。

自分を対象とした仮説、実験、検証を延々と繰り返す必要があるため、長年にわたって継続することは、そう容易ではありません。何度もぶち当たる壁を乗り越えるためには都度、**思考の転換が必要**となります。

特に今の流れを見ると、サイズゲームがＭＡＸの域に近づいているように感じます。21年、ミスターオリンピア２連覇を達成した「**ビッグラミー**」**ことマムド・エルスビ**

エイのとんでもないデカさが業界内で大きな話題となりました。デビュー直後から数々のタイトルを手にしてきた彼ですが、1年間の休養を経た身体はまさに筋肉の塊！といった感じでした。

しかし、300ポンド（約136kg）もの体重がありながら体脂肪はほぼないという状態までもっていける選手がほかにどれだけ現れるか。誰も現れないとは思わないけれども、2m近い身長を埋めるだけの筋肉を育て上げるにはどうやっても時間が必要です。ゆえに、すぐにサイズ感でラミーを超えるというのは難しい。

となると、勝負を分けるのは**総合的なプロポーションと細部の仕上がり、そしてステージ上でのプレゼンテーション**となることが予想されます。私はずっとサイズの不足をそれ以外の部分で補完しながら闘ってきましたから、自然とあらゆる角度から勝機を見出す思考が身についているのです。

また、サイズ以外のところでの競い合いとなると明確な指標がなくなるため、**最終的に「リンゴとオレンジの闘い」**となります。すなわち審査員の好み次第、ということ。

実際、私のコンテストキャリアのなかでも何度もコントラバーシャルが起こりました。だけれども、そこでジャッジを非難したとて何にも発展しないのです。競技として成立させるためには、審査員に委ねるしかありません。

2011年、オリンピアにて。

2018年、アーノルドクラシックにて。

ただ、プロコンテストは**競技であると同時に興行**でもあります。たとえ優勝できなかったとしても、**会場にいる観客や世界中のボディビルファンたちがそれぞれにナンバーワンを定めてくれます**。私自身、その部分で高く評価を得てスポンサー契約に至ったことは本書に書いた通りです。

このように、ただまっすぐ気持ちに一本筋が通っているだけでは長続きできないのがボディビルディングという世界なのです。**勝ちに貪欲になる必要はあるけれど、こだわりすぎると急に天井が見えてしまい、途端につまらなくなってしまう**。

身体の成長はもちろんのこと、そのあたりのメンタルの部分も含めて、私が幼少期から培ってきた「**無限／No Limits**」**思考**をもって全力でサポートしていきたいと思っています。

リラックスタイムは、さくらとともに

YouTubeチャンネルを見てくださっている方は、ご存じのことと思いますが、私には「**さくら**」**という大切な相棒**がいます。**ピットブルという種類の雄犬**で、11年前に近くの公園で行われていた**里親探しのイベント**で出会いました。

ほぼ毎週末、コンテスト等で家を留守にするため、犬を飼うのは控えていたのだけれども、生後7週間くらいのさくらと目が合った瞬間、ずっと飼いたいと思い続けていた気持ちが抑えられなくなりました。

ひとまず抽選に申し込むこととして、あとは流れに身を任せようと思っていたら、まさかの当選。ご縁があったのです。それから数日後、改めて**保健所のシェルター**に足を運び、我が家へ新しい家族として迎え入れました。

sophy

当選したときから、もう**彼の名前は「さくら」**でした。なぜなら、昔からいつか犬と暮らすことになったら、絶対にそう名付けようと決めていたからです。

ピットブルはアメリカでとても人気のある犬種です。頭が良く、ただ言葉を発することができないだけで、こちらの言うことはすべてきっちりと理解しているような雰囲気があります。

頭がいいぶん、はじめの躾《しつけ》には手を焼きましたが、時が経つにつれて互いに心地よくいられる距離感や過ごし方を見つけていったように思います。

YouTube動画のなかで見たことがあるかもしれませんが、自宅で撮影をしていると、しょっちゅうさくらが乱入してきます。

乱入と言っても、さくらのいる空間で私が勝手に生活を切り取るように撮影しているので、彼は日常をただ過ごしているだけなのです。ただ、その登場のタイミングが本当に絶妙で、間の取り方なども含めて計算し尽くされているのではないかと思えるほど。

普段はとっても温厚で、何があってものんびりどっしり構えているタイプですが、家族の帰りが遅いと途端に荒れ始めます。なぜか革製品を食べるのが好きで、過去には**名前入りのトレーニングベルトを食べられていた**ことも……。

意思表示もすごくしてくるし、さくらというパーソナリティが確立されているので、我が家ではもう気持ちのうえでは人間同士、いや**人間以上の「さくら様」**として接しています。

私には、良くも悪くもボディビルディング以外に夢中になれるものがありません。かろうじて**射撃**には時々行きますが、**銃が好きという気持ち以上にラスベガスで生き抜くために必要なツール**という意識があるため、純粋な趣味というわけでもないのです。だから、**さくらとともに過ごす時間こそが唯一にして、最高のリラックスタイム**。現役時代はさくらの散歩が有酸素運動の位置づけになっていましたし、彼の存在が私の競技人生を支えてくれていたと言っても過言ではありません。

もう11年の付き合いとなります。ジムやカフェの経営があるため、帰りが遅くなることは引き続きありますが、毎週末、遠征で家を空けるようなことはしばらくないはず。さくらとの時間も私の思考の通り無限であればいいのですが、**命は有限であるからこそ尊いもの。**

これからもっとたくさん、長く一緒に過ごしていきたいと思っています。

愛犬さくらとのリラックスタイム。

趣味でもある、護身のために習得した射撃。

ボディビルがなくなったら

ボディビルディングとは、一体何であろうか。現役時代にはそのようなことを考える暇もなく、目の前にある重りをただ挙げ続けることに必死でした。当時よりもほんの少しだけ、心に余裕ができた今、そのようなことを考えたりもします。

毎日コツコツ、小さなことの積み重ね。スポットライトを浴びるような華やかなシーンは一瞬のハイライトのようなもので、それ以外はずっと自分自身の弱さと向き合う時間が続きます。

ハードに追い込み切るトレーニングは大袈裟でなくDead or Aliveであるし、キャリアに比例して全身の関節が磨耗《まもう》していくため、**痛みとの闘い**は長期にわたります。さらに薬を使えばそれだけ命を削る危険性は高まると言われています。人によってはなぜ

sophy

そこまで夢中になれるのか、と心底不思議に思うことでしょう。

ボディビルディングにかける想いは選手それぞれに違うと思いますが、私は**やればやるだけ自分という存在に自信がもてる**から、だと考えています。

どのような人生を歩むにしても、**本質的な部分での生きる目的は自分自身を知り、成長を促し、存在価値を高め、認めて愛する**ところにあると感じています。

私の場合、その目的を果たすための手段がボディビルディングという、どこまでも自分と向き合い続ける行為だったというわけです。

現在のようなボディビルディング競技が本格的に世界で始まったのは、１９６０年代と言われています。70年代に入り**アーノルド・シュワルツェネッガー**の存在により市民権を得ました。日本では60年代に入る少し前から始まったとされていますが、概ね同じような時期が草《そう》創《そう》期《き》ということ。つまりは、まだ60年くらいしか競技としての歴史はないのです。

たった60年、されど60年。アメリカでＩＦＢＢが発足し、オリンピアを開始。**アメリカを軸とした「プロリーグ」とヨーロッパを軸とした「エリートプロ」との分裂**を経て今に至ります。

日本国内では、数年前までは**アマチュア団体であるＪＢＢＦ**一択でしたが、現在は、**プロリーグとのつながりが強いＦＷＪ**をはじめ、さまざまなタイプの身体づくりに対応すべく、多くのフィットネス団体が存在するようになりました。

日本は流行り廃りのサイクルが非常に速い国なので、今のフィットネス熱がブームとして過ぎ去らないことを願うばかりなのですが、世界的に見れば、これまでがそうであったように、これからもどんどん進化し続けていくジャンルでしょう。

バスケットボールやベースボールなどのメジャースポーツと比べれば、非常にマイナーではあるけれども、愛好者たちの愛がとにかく深いという特徴があります。それはなぜか。

あくまで想像ではあるけれども「**強くありたい**」**と願う人間としての本望を満たし、自分自身に揺るぎない自信をもたらしてくれる唯一無二の悦び**がそこにあると、気づいているからだと思うのです。

だからもしも、ボディビルディングがこの世から消えてしまうようなことがあれば、私はこの手と足とで、**もう一度ボディビルディングを始めます。**

2016年、アーノルドクラシック212で日本人初の世界王者に。隣はアーノルド・シュワルツェネッガー。

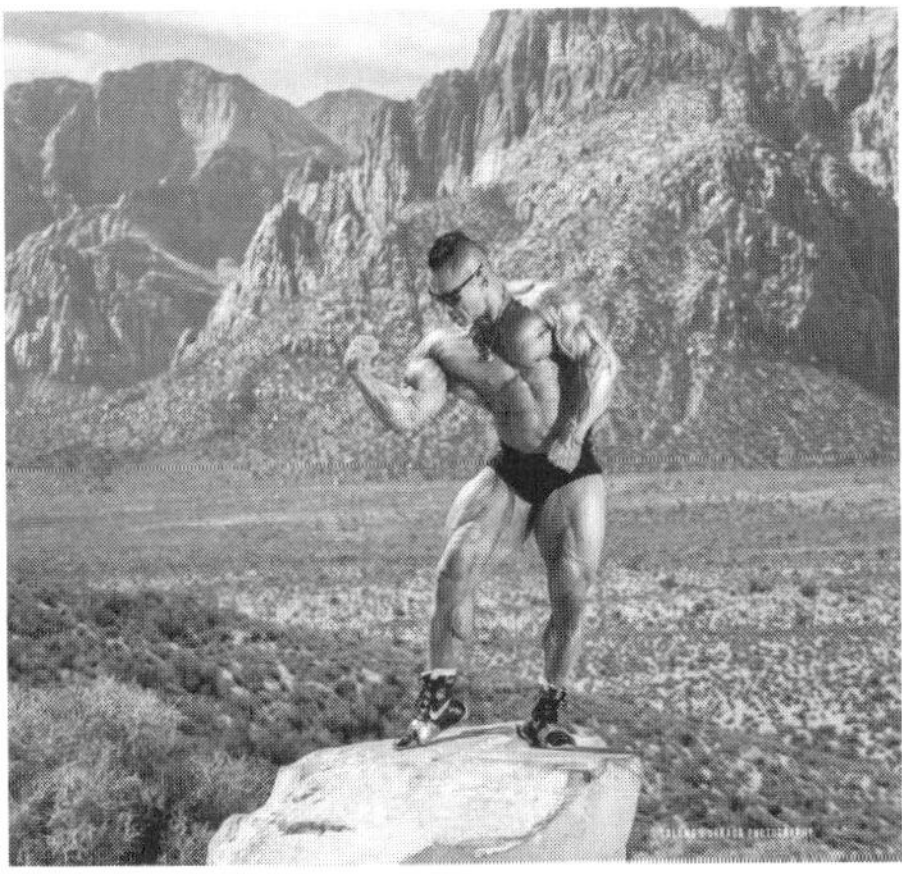

現在は、ラスベガスを拠点に後進育成に励む。

プロボディビルダーを目指す
若き日本人選手が増えてきたことが
とても喜ばしく、
同時に誇らしい。
私は一線を退き

EORY

サポートする側に回るけれども、
どのような道を選び進んでも
人生は「無限／No Limits」で
あることを生き様をもって
証明していきたい。

筋トレは人生を変える哲学だ

本編では触れなかったけれども、身体を鍛えることに興味をもち始めた高校生の頃、暇つぶしに訪れた本屋でチャック・ウィルソンの本を手にしました。身体づくりの基礎知識や、逞《たくま》しく鍛え上げるためのＴｉｐｓを紹介しながら随所に著者の自伝的な要素が織り込まれている一冊で、おもしろくて読みやすく行動にも移しやすかったので、強く印象に残っていたのです。

のちにボディビルを始めてプロとなり、積み重ねてきたことが実を結び、世界最高峰のステージに立ち続ける唯一の日本人として、次第に「いつかあの一冊のような著作を、自分も出してみたい」と思うように。だけれども、人生を振り返るには時期尚早と考えていました。

とはいえ、時は流れるもの。今、こうして競技引退を決意したことを一つの区切りと捉え、私が経験してきたことが、キャリアを重ねてある程度成熟してきた考えをもって、それを語り伝えることで、誰かの人生に役立つことがあれば、と切実な想いで「すべて」を綴りました。

強くなりたい一心で始めたウエイトトレーニングですが、その出合いこそが、のちの私の人生を大きく変え、そして決定づけました。

筋トレをガムシャラに続けていくなかで得たものは、もう数え切れません。自分自身の強さを知ったし、同時に弱さも知りました。これ以上ない喜びに満たされた瞬間もあれば、それを凌駕《りょうが》するくらいの挫折も味わいました。

逃げ出したいとの想いが頭を横切ったのは一度ではありません。実際、別の道を選ぶことだってできたはず。だけれども、私は逃げ出さなかった。いや、逃げ出すことができなかった。ボディビルディング以外の何かでは満たされない自分が、厳然《げんぜん》と存在しているからです。

他者からの評価で勝敗が決まる世界だからこそ、私は己のために鍛錬を積んできました。鍛錬の先で自信を勝ち取り、慢心に陥った先で感謝を知る。つまり、私はトレーニングをすることで、自分の人生を生きることができているのです。

大会出場の幕は閉じるけれども、筋トレは生涯現役。「私は強いか」「なりたい自分になっているか」との自問自答の哲学は、まだまだ終わりが見えません。またどこかで。互いに成長した姿でお会いできることを楽しみに。最後までお読みいただき、ありがとうございました。

おわりに

Epilogue

山岸 秀匡

HIDETADA YAMAGISHI

1973年6月30日生まれ。北海道帯広市出身。 早稲田大学で本格的にボディビルを始め、2002年にプロボディビルダーとなる。2007年からミスター・オリンピアに出場し、2015年には3位入賞。2016年、アーノルド・クラシック212で日本人初優勝を成し遂げた。

: Hidetada Yamagishi
: @hideyamagishi
: @HideYamagishi
HP :「ラスベガス筋肉製作所」https://bighide.pro/

ボディビル世界《せかい》チャンピオンが伝授《でんじゅ》する
筋《きん》トレは人生《じんせい》を変《か》える哲学《てつがく》だ

2021年12月20日　初版発行
2024年 5 月15日　5 版発行

著者／山岸《やまぎし》 秀匡《ひでただ》

発行者／山下 直久

発行／株式会社KADOKAWA
〒102-8177　東京都千代田区富士見2-13-3
電話 0570-002-301(ナビダイヤル)

印刷所／大日本印刷株式会社

●お問い合わせ
https://www.kadokawa.co.jp/（「お問い合わせ」へお進みください）
※内容によっては、お答えできない場合があります。
※サポートは日本国内のみとさせていただきます。
※Japanese text only

定価はカバーに表示してあります。

ISBN 978-4-04-605462-3 C0075